星 2.0

yuji

光文社

星 2.0

ブックデザイン　小口翔平＋喜來詩織（tobufune）

はじめに

人はなぜ生きるのか？

また、この世とはいったい何のためにあるのだろうか？

そして、この世の仕組みとは？

人の世界にはたくさんの本、映像作品、学術書、絵画等、コンテンツが溢れていますが、「人はなぜ生きるのか」といった根源的な問いに答えてくれるものはそれほど多くはありません。

物語を通して人の世の憂い・儚《はかな》さを伝える小説。

短い言葉で人の世の理《ことわり》を端的に示す詩や金言といったもの。

断片的にそれらを表しているものはありますが、体系的に、人とは？　人の世とは？　という核心まで迫った指南書・ガイドのようなものはほとんど存在していないのではないでしょうか。

人はなぜ生きるのか。

これはおそらく多くの人が考えたり、悩んだりする一大テーマのはず。

人類がその内に抱える永久不変の問いではないでしょうか。

古今東西、このことをテーマに多くの叙事詩が書かれ、物語が生まれ、名作劇が演じられ、また、哲学や思想も生まれました。

「人とは？」

「己とは？」

人はその一生をかけてこの命題に自問自答し続けます。

その答えはもちろん一様ではなく、その答え・仮説は各人が描く人生の軌跡や経験値、視点によって全く違うもののはずです。

それでも人は、そして、その魂は輪廻《りんね》転生を何度も何度も繰り返し、それぞれのペースで人生の歩みと魂の深化を進め、いつかきっと真理なるものや自分だけの理・自分論にたどり着くのでしょう。


ただ、神話で語られるように人なる存在が「神の不完全なるコピー」だとするならば、その素性はきっと強きものであり、また同時に弱きものでもあると言えます。

それゆえ、道の途中で心が折れそうになったり、また、壁にぶちあたり、どうしても行き詰まることもあるでしょう。

それを見越してか、偉大な先人、賢者たる私たちの祖先たちは、我々に「自分を見つけるためのヒント」「真我《しんが》を生きるためのヒント」を色々な手法で遺《のこ》してくれました。

その一つが今、あなたがその扉を開けようとしている世界、星の世界・占星術です。


星を使って私たちが輝く術《すべ》を知る。


その一節を見るだけでロマンがかき立てられ、なんとも不思議な、それでいて心地よい高揚感に包まれるようです。

はるか昔、船乗りたちは、北極星や夜空の星たちを使って自分の位置を確認したと言います。

今を生きる私たちは、自分の座標を知るために夜空を見上げ、星を見る必要はありません。

現代ではＧＰＳもありますし、磁石もあるのでわざわざ北極星を頼る必要はないでしょう。

ただ、現代は技術革新が進んだ代わりに、自分の内なるコアを見つける術や己の道を見つけるセンスや嗅覚といったものを失っていった時代のようにも思います。

外側の技術があまりなかった時代、人々は夜空を見上げて自分たちの居場所を確認し、己の航路を見つけていました。

外側の進化が進んだ今は、逆に自分たちの魂の居場所をしっかりと見つけるため、またそれとは違う星を用いる必要があります。そして、それこそが先人たちが遺した星と戯れる方法、星と対話するための星読み術・占星術です。

はるか古代に私たちの先人たちが空を見上げ、星に問うていたように、私たちは己のホロスコープを見て、そこにある星を見つめて自分の「立ち位置と在《あ》り方」を知るのです。

古代から現代まで、私たちは常に星によって助けられ、自分たちの座標・真我を思い出してきました。

時に北極星なる北を示すガイドとして、またある時には占星術の盤上でメタフィジカルな運命のガイドとして、時代によりその姿や在り方は変わりますが、星は常に私たち人類と共に在ります。

そしてそれはきっと今後も変わらないでしょう。

いつの時代も我々は星に導かれ、星のように輝いていくのです。

星 2.0

CONTENTS

No-1 ♈ 牡羊座

［3／21 ～ 4／19 生まれ］

＝牡羊座の世界観＝

＝牡羊座の性質＝

No-2 ♉ 牡牛座

［4／20 〜 5/20生まれ］

＝牡牛座の世界観＝

＝牡牛座の性質＝

No-3 ♊ 双子座

［5／21～6／20生まれ］

＝双子座の世界観＝

＝双子座の性質＝

No-4 ♋ 蟹座

[6／21 〜 7／22生まれ]

No-5 ♌ 獅子座

［7／23 〜 8／22 生まれ］

No-6 ♍ 乙女座

［8／23 ～ 9／22 生まれ］

No-7 天秤座

[9／23 ～ 10／22 生まれ]

＝天秤座の世界観＝

＝天秤座の性質＝

No-8 ♏ 蠍座

[10／23 ～ 11／21生まれ]

No-9 射手座

[11／22 ～ 12／21生まれ]

No-10 ♑ 山羊座

[12／22 ～ 1／20 生まれ]

No-11 水瓶座

［1／21 ～ 2／18生まれ］

＊星座の境目（生まれた日）は独自の考えをベースに分けているので、他書とは異なることがあります。

No-12 ♓ 魚座

［2／19～3／20生まれ］

この本について

占星術・占いと言われるものはこの世に多く存在しますが、そのほとんどの術式・流派でそうであるように、占星術にも「定説・決め事・セオリー」があり、術師はその方法・メソッドを用いてクライアントの相談に乗ったり、時代の命式《めいしき》を見て未来の予測を立てていきます。当然そこには多くの枠組みや各星座ごとのテリトリー、星々の意味というものが存在するのですが、星とは「牡羊座だからこうなんだ！」などと、私たちを「　　」（かっこ）に入れたり、決められた形で縛っていくものでは決してありません。

むしろ、牡羊座だからこういう可能性もあるかもね、こういう展開も期待できるかもねなどと、まだ見ぬ新しい可能性や秘めたる潜在能力に気づく、そのヒントやきっかけをくれるものであり、非常に有益な自己発見を促すツールだと思います。

人は本来無限の可能性を持つもの。

とはいえ、今までの学校教育、しつけ、社会的な圧力諸々によってそれら本質的な才能・パワーは抑圧されていることが多く、本来のポテンシャルを生かせている人は果たしてどれだけいるでしょうか。

現場で鑑定をしていても、もったいないなとか、他にももっと飛躍する方法があるのになと思うことが多々あります。

そういった場合、ピンポイントにアドバイスをすることもありますが、その方の魂が持つ課題、向き合っていくべきところ、今生の人生で授かった武器等、ゲームや小説を一本作り上げるような大きなスケールで話を進めていくと、多くの人が自分の人生に秘められた謎や壮大さに驚かれ、時には涙されることもあります。

映画やドラマ等を鑑賞することでカタルシスを得るのもいいですが、現実は小説よりも奇なりなどというように、本来私たちの人生というのは唯一無二のものであり、また相当にドラマティックなものです。

星・占星術とは相性を観たり、少し先の運気のようなものを観る占い的な見られ方をするものではありますが、私個人としては本来のレールから外れてしまった魂たちをもとのレールに戻すお手伝いをするツールであり、また、活人術でもあると思っています。

また、その日の占い的なものや、雑誌の巻末によく見られる一週間、一カ月、一年の運気予報（天の気の予報）として用いることも可能な汎用性の高いものであり、心理学、料理、代替医療等とも掛け合わせることもできる、非常に拡張性の高いものでもあります。

冒頭でお伝えしたように、星は使うものではありますが、使われるもの、ましてや「　　」に入れられるものではないと思います。

人の世界に往々にして発生しがちな、人の世界だけにある概念。

自然のリズム、宇宙の法則と一体になるためには、実はそれらはあまり必要がないもので時に邪魔にすらなるものなのですが、それらの呪縛から離れ、あなたが本来持っているたった一つの個性を発揮して生きるために占星術はあると思っています。

これら全ての星にまつわる叡《えい》智《ち》は「あなたがあなたらしく輝くためにある！」というのは言いすぎかもしれませんが、少なくとも、宇宙のリズムとシンクロして生きることができると、もっと広い視点でこの世や宇宙やこの世界を理解することに繋がり、自分の人生に起きていることの意味・真意を悟ったりもできるはず。そして、自分の魂に刻まれた役目や理を理解することで、いくらか生きるのが楽になるという人たちもきっといらっしゃるのではないでしょうか。


星を読まずに星を感じる。

星を観察せず、己が宇宙になり、また、そこに輝く星となる。

この本は、自分が星であったことを思い出すための「星に戻っていくための本」として読み進めていただければ幸いです。

黄《こう》道《どう》十二星座

星座とか占星術と聞いてパッと脳裏に浮かぶもの。多くの人にとってそれは、太陽星座をベースに運勢が書かれているファッション誌等の巻末の占いコーナーや、テレビの情報番組で目にする「今日の運勢」といったものではないでしょうか。

占星術の発祥の地と言われる古代メソポタミアでは、星の知識やその学問体系は内臓を含む人体・万物のリズム、この世を統《す》べる理を知るためのツール・学問といった位置付けのもので、医師になるための必修知識とすら言われていました。

このように広い領域をカバーし、時に深く真理に迫ることすらできる占星術は汎用性の高いオールマイティなツールだと言えます。そのため、広くてしかも深さのある星の世界を解説していくには、占星術で用いられる太陽から冥王星までの十天体、ハウスシステムやアスペクト、各感受点等を掘り下げていく必要があり、とても一冊にまとめられるようなものではありません。

また、実際にそれを実生活で使えるレベルに引き上げるには相応の臨床等を積む必要もあり、まるで空手家や柔道家が組手や実戦的な練習を繰り返して強くなったり、外科医が執刀経験を積むことで腕を上げていったりするように、星読みの世界も「実際に星を使って読む」経験を重ねていくことで宇宙や星々と仲良くなり、星たちとのシンクロ度合いを高めていけるように思います。

その深遠なる星の世界に足を踏み入れるための最初の一冊として、この本では皆さんが普段の生活の中でもなじみがある「黄道十二星座」に焦点を当て、深く掘り下げていきました。

黄道十二星座というのはもはや説明する必要もないかもしれませんが、牡羊座から始まり魚座で終わる、太陽の軌道上にある十二の星座のことです。

個性溢れる黄道の十二星座たち。

牡羊座は元気じるしで、牡牛座はこだわり屋さんで、双子座はコミュニケーションが得意で、蟹座は母性の星座で、獅子座はクリエイターで、乙女座はきっちり屋さんで、天秤座はセンスのいい人で、蠍座は愛深き人で、射手座は冒険家で、山羊座はストイックな頑張り屋さんで、水瓶座は天才肌で、魚座はアーティストで……などと各星座ごとに「○○座は○○である」などというわば紋切り型の特質とも言えるものがあり、実際に、その星座の人はそういった性質を持つことが多いのが星占いの面白さでもありますが、たとえば、

「なぜ双子座はコミュニケーションが得意なのでしょうか？」

「なぜ獅子座はクリエイターと言われるのでしょうか？」など。

「なぜ○○座は○○なのか」という根元の部分は多くの占星術の本やコンテンツではスルーされがちなところですので、この本では星の世界をもっと立体的に理解するためにも、あえてこういった「深いところ」にもフォーカスを当てています。

「全てのものには理由がある」とすると、こういった根底・根本の部分を知ることで、各星座そのものを深く理解することにも繋がりますし、ストーリー性のあるものとして捉えていただけるのではと思います。

　また、各星座の持つ精神性・哲学を知ることで「自分が思い悩んできたことにも思わぬ解決策が生まれたり、新しい気づきがもたらされる」なんていうこともあるかもしれません。


　悩みや不安や心配事は人生にはつきもので、人の人生を大きく揺さぶるものではありますが、その理由・原因、そして、それに対応する解決策や緩和法が見つかれば、多くの場合、人の心や気持ちは安定を見せるものです。

　各星座について語られる際に多く用いられる性質、その根源・理由・原因といった部分に切り込んでいるのがこの本の最大の特徴であり、最も時間をかけて書き進めたところでもありますが、それは各星座になりきり、まるでロールプレイをしているように各人の魂、星座ごとの意思・根源とも言えるところに深く踏み込んでいく作業の連続でもありました。

そのため、読み進めるにつれて、自分が〇〇座に生まれた意味、自分の人生に起こったことがもたらしたプラスやマイナス、そしてそれらライフイベントがあなたを何処《どこ》に導こうとしているのかの答えやヒント。そういったものがチラチラと見えてくるようなこともあるかもしれません。

星の世界は、知れば知るほど私たちの人生に有益なアドバイスやヒントを得ることができる叡智の園のようなもので、実際に多くの成功者や一部の銀行家、世界のミューズたちも使っていると言われるほどに実践的、且つ実用的なものです。

そんな便利なものを使わないと損だとか、生かさないともったいない！　と思ってしまうのは、きっと私が実用主義者とも合理主義者とも言われる山羊座の生まれだから、というのはあまりに「星の影響を受けすぎ」でしょうか？

この本の制作にあたり、そんな山羊座性を最大限発揮し、「実用的な知識・知恵」として、星の世界のことを実生活でも使っていただけるように、現代風な解釈・アレンジを加えて出来上がったのが、この本、「星2・0」です。

本編にもありますが、この世はまるで万華鏡のような、多様性に溢れた世界。
皆、見た目は同じ人間ですが、中身はまるで別々のソフトウェア・オーエス（オペレーティングシステム）が搭載されているかのように、価値観が違ったり、同じことを言ってもまるで違うように理解されたりもする。そんな多種多様な世界観・価値観を持つ人々が過ごしているのが、この星・地球なのです。

　そんな異種格闘技戦のリングのようなものが人間界なので、「ミスコミュニケーション」や「エラー」「期待外れ」等はある意味、日常茶飯事的に起きていることでしょう。

でも、もし星を知ることで隣のあの人はレスリングをしていて、仲のいいあの人はキックボクシングで、また、ある親戚は空手をしているのだと気づくことができれば、皆の間に共通するのは格闘技というだけで、あとは基本ルールから勝ち負けの概念から距離感から何からが違うということがわかろうというもの。

　そういった基本姿勢の差やルールの違いというのは普通に生きていると気づきにくいものですが、星の世界にはそういったものが明らかに記されていて、この星に生きるほとんどの人は、意識・無意識的問わず、各星座の示す座標・暗示の通りにその魂に刻まれた道を進んでいるのです。

　とはいえ、人を異なる十二の性質にのみ振り分けるのはある意味荒唐無稽なような気もします。
数十億の人が住むこの地球を十二のパターンに分けて判断・診断するなんていうことはあまりに

も大雑把で、当てにならないもののような印象を持たれても致し方ないでしょう。
ただ、血液型のように、両親の体質に依存するものと違い、誕生日というものは出自や家柄や国・時代に関係なく誰でも平等に持つ、その人固有のものです。家庭裁判所に行くと「改名」することができる名前とは違い、生涯変わらない、ある意味、最も「その人の個性を表す記号・もの」でもあるのです。

そんなオリジナルなものに自分の個性や宿命を見出すというのは、果たして「ロマンティシズム」を刺激するだけのものでしょうか。数千年も前から先人が研究に研究を重ねてきたように、そこにはやはり没頭できるだけの何か、研修を重ねるだけの価値・意味があるとするのが妥当ではないでしょうか。そうでなければきっと、とっくの昔に歴史に埋もれてしまっていたでしょうから。

また、現在でも幾つかの国では結婚・政《まつりごと》などで今でもこういった古代からの叡智が「現役」で使われているように、そこにはやはり一縷《いちる》の真実とか理らしきものがちらりと見えるような気がします。

この本ではその占星学のほんの一部、「十二星座」のみに焦点を当てて解説しています。
十二星座ごとにまるで違うエッセンス。

この世にはたくさんの価値観、ルール、概念があり、それらは各星座によってまるで違うもの。それらを知ることで自分の理解を深め、また他者の生きている世界やそのルールを理解することで、人や周りに優しくなれたり、コミュニケーションが円滑に進むなどということもあるのではないでしょうか。

西洋占星術とは何か

星読み、星占い、占星術、星座占い……。

近年色々な呼ばれ方をする「西洋占星術」ですが、実を言うと私も西洋占星術とはなんなのかわかっているようでわかっていないというのが正直なところです。西洋占星術はもはやその輪郭をはっきりと定義することが困難なほどにその内で多様化し、細分化しているからというのがその理由です。

西洋占星術のルーツは古く、先述のように古代メソポタミアに端を発するとかもっと前だとか色々な説があります。

この本は「星座」についての本であり、歴史書や占術について細かく言及するものではないので、起源やその発展についてはここでは深くは触れませんが、「占星術」のルーツや呼び方やその長い歴史の中で派生してきた術式たちがどうであれ、この「占星術なる複雑な体系論」が伝えようとしているものは、宇宙の波動・波形パターンやリズムを表した「暦」なるものであることは一貫しているように思います。

今、地球上で使われている主たる暦のシステムは太陽暦、そして太陰暦だと思いますが、占星術で使われているものは人間が一定のリズムを繰り返し、生活をしやすくする目的で作られた「人間主軸」のもの、ではなく、十天体を主に使用する、もっと壮大な太陽系が織りなすリズムを表したものです。

そのさまは身近なところでいうと、オーケストラを想像していただくとわかりやすいかと思います。

バイオリンがいて、チェロがいて、コントラバスがいて、クラリネットがいて、オーボエがいて、ピアノがいる……といったように、太陽から冥王星までの十の天体それぞれが異なる音色を出し、その音の集合体が宇宙の音楽として太陽系に響き渡るさまを描き出したのがホロスコープではないでしょうか。

太陽から冥王星までの星々の軌跡は、音楽でいうところの五線譜のようなもの。

その五線譜上を時に金星と海王星が重なってみたり、また時には星々が集まり激しい音をかき鳴らしてみたり……。

ホロスコープとは宇宙が奏でる音楽のスコア（楽譜）であり、私たち星読みが読んでいるものは「宇宙の音の調べ」であると言えます。

今日はいったいどんな音が鳴るのか、来月はいったいどんな協奏曲なのか、おや、来年はそうとう激しいテンポでこれは奏者も大変そうだぞ！　とか、宇宙の意思は星々のスコアを経由し、こうもリアルに私たち地球に生きるものに伝わってくるものなのです。

占いというと当たるもの・当たらないものというニュアンスが付いて回ることがあるので、星占いという言葉がそれを表すのに正しいかどうか、適しているかどうかはわかりません。ただ、これほど素晴らしい星々からのメッセージ、組曲を「当たっているかどうか」といった風にジャッジする、その観点だけで見るのは非常にもったいないように思います。

そもそも宇宙は二元論的な思考はありません。ゆえに「当たるも当たらない」もない、ただ、そこには宇宙の奏でるバイブレーションが在るだけなのです。

宇宙からの調べやメッセージ。

古代からの叡智を使って未来を知る。

そんな素晴らしいツール・知識をどう使うのか。

星にまつわる叡智について、宇宙側が何かを求める、指示が入るなどということはありません。

宇宙はそこに「ただ在るだけ」だからです。

その使い方、それすらも人類に委ねられているのです。

星占いとして使うもよし、星を読むもよし、神話の世界と照らし合わせながらロマンティシズムを満たすものとして使うもよし、哲学的好奇心を満たすものとして使うもよし、また、相性診断等のツールとして使うもよし。

本当に自由な世界、それが星や宇宙の世界観であり、そこには果てなき宇宙の愛を感じずにはいられません。


何もジャッジしない、何も否定しない、ただそこに在るだけ。

星はまたその時代時代に合わせた解釈をされることを許す懐の深いもの。

もちろん〇〇座の解釈がある日を境に真逆のものになるということはありませんが、時代や人類の進化に沿い、キーワードや要素といったものが追加されたり、見直されたりして、その形や読み方を変えていく、いわば進化し続けるものなのです。


万物は流転すると言います。

人間の細胞も新陳代謝が止まると腐敗していくように、星々からの叡智たる占星術も各時代に合わせて進化・最適化してきたというのが、幾千年もの間、世界からこの叡智が消えなかった理由であり、また、世界中の愛好者から愛され、星が読まれ続けている所以なのかもしれません。

No-1

牡羊座

3/21〜4/19生まれ

「まっすぐ」という言葉がこれほどぴったりはまる人たちは、牡羊座以外にはいないのではないでしょうか。

喜怒哀楽がはっきりしていて、熱中しやすく、また、恋愛や仕事も常に全力でぶつかり、頑張ることをやめない人たち。

人としての熱さが何とも魅力的で、自分に嘘をつくことができない少年のような人。

その無垢なところや純粋さが多くの人を惹きつけてやまないのですが、

きっと本人にとってはそんなことはどこ吹く風。
情熱の星座・牡羊座の人たちは、また今日も己の信じた道を進んでいくのでしょう。

牡羊座とは、一番を暗示する星座。

開拓者であり、オリジナルな存在を目指す牡羊座の前には道と言えるものはないことがほとんど。

ただ、古代ローマ人たちが遺したローマ街道が現代でも使い続けられているように、牡羊座の人が通ったあとには必ず立派な轍《わだち》が残り、そこを通っていく後進たちがその利を享受できるようになっているのです。

牡羊座の人たちとは、後世まで遺る偉大な道を遺す人。

また、その際立つオリジナリティで、新しい生き方や在り方をこの世に示していく人たちなのかもしれません。

牡羊座の世界観

牡羊座と軍神の星・火星

牡羊座を語る際、絶対に忘れてはならないものは、牡羊座の守護星、火星の存在でしょう。

占いの本に書いてある牡羊座の項目を見たり、身の回りにいる牡羊座の人を観察したりして、牡羊座についての考察を深めれば深めるほどにその気質・形質は、神話に出てくる金色の毛をした空飛ぶ羊よりも牡羊座の守護星である火星のほうから強い影響を受けているように思われます。

では、その火星っぽさ、つまり火星そのものである軍神マルスのエネルギーとは何かと言われると、軍神と冠するその名の通り、戦いや正義といったものであると言えるでしょう。

牡羊座とは占いの本では「ファイター気質な人たち」と言われることもありますが、それはまさに「軍神マルス」のエネルギーが最も強く転写されている存在だからです。

そんな軍神のエネルギーを授かっている牡羊座は、正義を愛し、活動的で、勇猛果敢な人たちですが、そういった気質・傾向も行きすぎると周りを振り回してしまうことにもなりかねないので、エネルギーの使い方・配分を、人生の前半・中盤で習得していく必要があります。

軍神の化身である牡羊座は、己の正義、自分たちの栄光・偉業のためにひたすら修羅の道を突き進む傾向があります。

また、新しいもの好きで、開拓者気質を持つこともあり、**同じところに留まることをよしとしない、前進を続けるチャレンジャー**でもあります。

それゆえ、どうしても牡羊座の人生には開拓していく、突き進む、外に出ていく、積極的に何かを推し進めるということがついてまわることとなるでしょう。

牡羊座の人は自分の力で切り開いた舞台、ステージで輝くことをよしとする人たちです。

そのため、自社企画やセルフプロデュースの道を進んだり、自分のキャラクター・パーソナリティが生かされる道を行くことが成功への最短コースで、自分とは？ というところに深く向き合い、パーソナリティを色濃くしていくこと、深みを出していくこと、新境地を切り開くことで、きっと満足のいくゴールへとたどり着くことができるはずです。

牡羊座の魂に刻まれたもの

伝統的な占星術では牡羊座の性格は、「勇猛・アグレッシブ・せっかち」といったように、なにかと物騒に描かれることも多いですが、実は牡羊座をそういった気性に見せている原因は「爆発」という要素ではないかと思います。

爆発というとなんだか仰々しい気もしますが、爆発はその規模の大小さえ問わなければ、日々色々なところで起きているものです。私たちが日常で使っている車もエンジン内での爆発を運動エネルギーに変えて走る乗り物ですし、子供が生まれることも生命の爆発なんて言われることもあります（実際に生まれたての赤ちゃんは大きな声で泣き叫ぶものです）。

また、芸術は爆発だとも言われたりもしますし、感情が爆発するということは、特に幼少期においてはかんしゃくを起こすなどと言われるように、この人の世ではよくあることでもあります。ビッグバンなる大きな爆発がこの宇宙の始まりであると言われるように、爆発とは「生きる」ことの最初のパワーであり、原動力と言えるものなのかもしれません。

火の輝きを持つ牡羊座の魂は「生誕・スタート」にまつわるエネルギーがギュッと凝縮されたもの。

そのパワーの真髄とは、人の心や魂に始まりの火を灯す種火であり、関わる人々の心に大小なんらかの火を点《つ》けていくのが牡羊座の能力であり魅力でもあります。

また、この世に生まれたばかりの子供ようなフレッシュさ。そういった年齢域を担当する牡羊座だから持てる**ピュアネスとパッション、それが牡羊座の武器**でもあります。

ピュアネスとは純粋さ。

人は年を重ねれば人生の色々な泣き笑いを経験し、知恵もつき、老獪《ろうかい》になっていくものですが、少年少女たちの魂は純度が極めて高く、そしてその波動も透き通っているものです。

多くの場合において、子供のお願いや訴えが大人の心を打つのは、きっとその子供自身がピュアな存在で、その在り方全体からクリアな波動・精神性が感じられるからでしょう。

何かに染まる前の純潔・純白なオーラ。

そういったピュアな波動を持つのは十二星座中、牡羊座の人たちだけ。

牡羊座の人たちにクリアな瞳を持つ人たちが多いのは、きっと心根そのものがピュアで何物にも染まっていないから。そして、それはどう贔屓目《ひいきめ》に見ても圧倒的な長所でありチャームポイントであり、また、人を惹きつける強みであると言えるのではないでしょうか。

話を火星に戻しますが、火星の持つエネルギーには「活気・勇気・元気」というものがあります。

そんな元気星をその背に持つのが牡羊座の人たちですので、何があってもへこたれずカラッとしていて、また刺されても死なないようなバイタリティを持っているのが特徴で、十二星座一活動的で元気な人たちです。また、少々の打撲や骨折等ではへこたれず、彼らの前進を止めるには一体何をすればいいのか！　と思えるほどに頑丈で、メンタルの落ち込みも少々のことであれば外で遊びまわっているうちに吹き飛ばせたりもして、空元気が本当の元気に繋がるような超回復力すら備えているのが牡羊座の人たちの素晴らしいところです。

また、火星と言えばパッション！　情熱！

牡羊座＝情熱的な人と言えるほどの熱量を誇る、十二宮一のパッションタンクとも言えるのが牡羊座の人たち。その溢れ出る熱量は色々なところに飛び火・伝播し、自分のはまりごとや熱中しているものが周りの人たちにも広がり、気づいたらその道の第一人者やパイオニアとして著名な存在になっていたなんていうこともあるかもしれません。

牡羊座が人生で目指すもの

池に石を投げ入れたら、波紋がおきて周りにその波長は伝播していきます。
ただ、その波紋がどうなっていくのか……。

例えば、石に驚いた魚がパシャリと跳ねるかもしれない。

そしてその波紋が伝わり、蓮の上で昼寝をしている蛙がびっくりして池に飛び込むかもしれない……。

それらはただの偶発的な結果であり、石を投げたら何がどうなるかなんて、まさに神のみぞ知ることであり、石を投げる前には誰にもわからないことです。

たしかに石を投げた後の展開や動きは予測可能ではありますが、その可能性は無限大。幾億パターンも、いや、もっとかもしれませんが、色々な展開が予想されます。

でも、そのような場合、「正直、石を投げたその後についてあーだこーだとシミュレーションしてもしょうがない！　とりあえず石を投げてみよう！」とアクションを起こすのが牡羊座スタイルではないでしょうか。


色々な思考や概念、またはシミュレーションに時に人は惑わされますが、**限りなくシンプルで「感じること・体が反応すること」を純粋に信じることができる牡羊座は、全身で宇宙的なエネルギーを受け取ることができる人たちです。**

宇宙の理とのアクセス。

人によってはそれを悟りや涅槃《ねはん》と言い、その細かい定義や解説はここでは控えますが、そういった領域に向かうには二つの手法があると思われます。

一つは外的世界を通した解脱。

つまり、世の中を広く知り、宇宙の意図をそここに見出し、この世界の諸行無常のリズム・万物は流転し、陰と陽は強弱を繰り返し、最終的に和合していくことを体感する。万物の中にある宇宙を見つけ、自分もその中の一部として「全てと一つになり」外を向くことで中を知る方法。

そして、もう一つは自らの内に潜り、ひたすら自問自答を繰り返すことで内在する小宇宙との繋がりを深めていくやり方です。

体に響くバイブレーションや体感覚を通して地球や惑星と会話し、自分とは宇宙そのものが転写された存在であることを理解し、全ては一つであることを知る。そして自らを極めることは宇宙を知ることであり、真理に繋がる道であるということを学ぶ。「内を探求していくことで外の理解を深める」方法です。


牡羊座の人は「to do ではなく、to be」を司る、体感の先人となる星座らしく、内側を極めていくこと、内観を深めることで宇宙と繋がる手法を学んでいく人たちです。

己と向き合い、道を極めていく。すると「己」にこだわらなくなり宇宙と同化していくこととなるでしょう。

それが牡羊座の人が人生で経験しうる解脱体験であり、「自己意識の先にあるもの」を得るための経路なのかもしれません。

話が少し概念的になっていますが、これはアスリートに起こる「ゾーン状態」と同軸のもの。牡羊座はもともとアスリート気質なので、そういったマインドの状態に入りやすい人たちであります。

何かに圧倒的に集中する時、現世的な速度感から抜け出し、流れる景色がゆっくりに見えたり、音が聞こえないといった現象が起きる。そういった意識状態をうまく使っていくと自意識を超えた意識レベルになり、前人未到の領域に達したり、突出した結果を出すことも可能となります。

そんな超人的な何かを開花させたり、超意識を使いこなして人類に秘められた可能性を示すのが、牡羊座に託された隠れた使命なのかもしれません。

牡羊座の性質

牡羊座の基本性格

牡羊座の人は黄道十二星座の一番手、「スタート・始まり」を司る、トップバッターの星座です。

生まれたての赤子が泣いたり笑ったりぐずったり、また、スヤスヤ眠ったりして自己主張が強めな存在であるように、牡羊座の人も元気で活発で陽気な気質を持ちます。

また、「I am（我は我である）」というスローガンを持つ星座だからか、自意識が強く、勢いもある人たちが多いように思います。

個性というところをエネルギーの主格として持つことから、自己プロデュースや他者の見た目・ブランディング等にも興味を示し、その道の才覚もあるので、芸能・メディア・クリエイティブ・作家等、コピー不可能な、個人の個性を生かす業界・業種において、時代の寵児となることも可能でしょう。

一番手というエネルギーはこの牡羊座だけが持つものなので、一番上（頂上）というよりは一番先とか一番槍、一番最初といったキーワードが牡羊座にとっては一番はまるものです。

時代の最先端を行く業種業態、ベンチャー企業や新しいサービス・ソフトウェア・製品や開発等の分野で、そのエネルギッシュな気質は生かされるはずです。

牡羊座は「自分」という意識が強い星座なので、大好きな何かに没頭していたらそれが気づいたら仕事になっていた！　なんていうこともありえます。

例えば、自分が気にいる服があまりなくて自作していたらいつごろからか周りから欲しいと言われ始め、それに応える形で服を作り続けていたら、いつのまにか服のブランド・工房を主宰するようになっていたとか。はたまた、自己鍛錬で格闘技を習っていたら、そのままはまってしまって師範やプロになったりとか。

牡羊座の基本姿勢は「何事もやってみないとわからない・当たって砕けろ」スタイルなので、やってみていないことについて、うじうじ・グダグダと考えるのは時間の無駄と捉えます。

それゆえ粘着気質の人は苦手で、無理に付き合うと肌や消化器にトラブルが出ることすらあるかもしれません。

ただ、牡羊座は超個人主義者のわりに意外と対人トラブルが少ないのは、本質的なところで嘘がなく、常にわれがままで執着のない軽やかな生き方をしているからでしょうか。

牡羊座の人は**頭とアクションが直結していて、裏表がなくて付き合いやすい人たち**です。

良くも悪くも周囲も余計な配慮をしなくていいのでとにかくラクチンなのです。

そういった意味でも下心とか腹黒さといった概念から最も縁遠い方たちが牡羊座であり、常に興味の矛先が指し示すところにアタックしていく開拓屋さん。

また、マインドやアンテナが常にフレッシュなので、いくつになっても「意識は常に20代（時に30代！）」といった風なところもあり、意識・体・ファッション・ヘアスタイル等が変に年寄りじみないところも、牡羊座の魅力の一つと言えるでしょう。

牡羊座最大の特徴は、きっとその突進力とチャレンジ精神でしょう。

他の星座が持ちえない突進力、突破力を持ち、「これだ」と思ったら、仕事でもご縁でも恋愛でも、なんでも分野問わず突撃していけるのが牡羊座のすごいところです。

普通なら尻込みしそうなところにも遠慮も躊躇もなく突撃していく。

いい意味で空気を読まないシンプルさ。

そういった考えるよりも先に体が動いていた！　的な行動力は、時には地雷を踏む可能性もありますが、その飾り気も裏表もない何事にも直球勝負なところは、牡羊座の武器でもありチャームポイントでもあります。

また、牡羊座は「切り開き屋さん」たちなので、いわゆるベンチャー的なものに関しては比類なきパワーを発揮し、数年で上場するような企業を作り上げることもありえます。

とはいっても、時にブーストをかけすぎて先を行きすぎ、振り返ったら誰もついてきていない！　ということもありそうなので、時には周りを見るということや休み休みやるというペース配分を考えることも大事かもしれません。

そんな猪突猛進型の牡羊座には、仕事をある程度は任せてくれるところ、裁量性であったり、仕切りを任せてくれる環境、役割、ポジションが好相性でしょう。**勢いがあること、スピード感があることが評価されるもの、個性を打ち出しても大丈夫な場所であればさらにプラスに働くはずです。**

牡羊座は一気にハイスピードで進めるエネルギーをその身に持つので、停滞しているプロジェクトや留まっている何かに牡羊座が入ってくると、一気にロックが解けたり急に進展を見せたりもするはずです。

ロケットが成層圏を超えるためにはブースターが必要で、自転車も最初の漕ぎ出しに一番力が要るように、「スタートというのは実は最も高出力が必要」とされるところです。

実際に牡羊座は春分点にその起点を持つ星座でもあることから、牡羊座の人は世界に新たな気づきや動きをもたらす人であり、スタートの合図・トリガーを引いていく存在と言えるはずです。

そのさまはまるで寓話における「花咲か爺さん」のよう、というと少々古めかしいような、懐かしいような気もしますが、牡羊座の人たちとは萌芽や花の開花のエネルギーを渡していく人で、「人の才能や個性開花の使徒」なる生を送る人たちなのかもしれません。

牡羊座の才能

もし「自分がよくわかりません」とか「自分の軸がなくて困っているんです」という方がいたら、牡羊座の人はきっとその人の力になれると思います。

なぜなら牡羊座の「パーソナリティ」に関わるエネルギーは、人の自我・自己・セルフといった意識を大きく揺さぶり、ふるいにかけて、その本質のみにフォーカスを当てることができるからです。

また、牡羊座の人たちと時間を共に過ごすことで、パーソナリティ・自己・セルフといったエネルギーが転写され、自信をもらえたり考え方を学べたり、背中を押してもらえることも多々あるでしょう。

これは太陽が牡羊座に入る人もそうですが、牡羊座に天体が集中している人にも同じことが言えますので、牡羊座力が強めの方はこれからの個性の時代には重宝・重用されていくのではないでしょうか。


牡羊座とは最初の一歩を出す星座です。

「逆もまた真なり」ということが適応されるならば、牡羊座は誰かにその最初の一歩を出させる星座でもあります。

最初の一歩を引き出す場合。世間にはおそらく行動心理学に基づいたテクニックというものもあるかと思いますが、牡羊座の場合はそういったスキルを使わず、普通にしていても、牡羊座の「始まりの波動」だけで最初の一歩を引き出せてしまう「天然のファーストステップ引き出し屋さん」です。

牡羊座の銘である「I am」。

牡羊座という星座が**人生をかけて「私」を見つける旅人であるとするなら、それはある意味**

「私以外のもの」に向き合い、またそれらを探っていく人でもあるということです。

なぜなら「私」らしくあろうとすると、「私らしくないもの」を削り落としていく必要があり、そのためにはまず「私らしくないもの」を知らなくてはならないからです。

「私」道を深めていく途中で必然的に私以外のものに触れ、それらを知り、選り分けていき、最終的に「私の原点・コア」を知る。

それはつまり、牡羊座が「あなた」とか「他者」のことも注意深く観察していく星座であるということです。

人生という旅路の途中で、多くの人は「自分らしくないもの」を背負うことがあります。

自分は特にやりたくないけど誰かの同伴でやってみたこと、自分には似合わないと思うけどオススメというからトライしてみた髪型や服装、特に気乗りしないけど好きだと言われたから付き合ってみた相手など、色々な「自分らしくないものや気乗りしないもの」に出会い、取り入れたりすることがありますが、そういったものにトライしても、結局は自分にフィットしないので、いつか自分から手放すとか、その肩からおろしていく時が早晩必ず訪れます。

とりわけ、牡羊座の人は「セルフ・己」の星座であることから、そういった「らしくないもの」に対して違和感を感じるセンサーが強く、そういったノイズには特に敏感なはず。

そして、そのセンサーを自分だけではなくて誰かのために使っていくと、他者の本質、その人らしさの発見ができる人として新しい道を切り開いていけるかもしれません。


牡羊座の人は、精度の高いミクロレンズ搭載のカメラのような人たち。

そのためディテールに敏感で、細かなところまで観察する力を持っています。

また、時にそのフォーカスが人の才能というところに当たると、対象者の才能の原石まで見透かしてしまうこともあるので、イメージコンサルタント、スタイリスト、メイクアップアーティストといった職種で、その眼力を生かすことができるでしょう。

牡羊座の力の源・火星の象徴でもある軍神の力と精密な観察眼を掛け合わせれば「格闘技や対人競技」において素晴らしい結果を残すこともできるはず。実際に柔道・剣道・ボクシング・レスリング・総合格闘技の達人・プロアスリートに牡羊座生まれは多く、そのような一瞬で勝敗が決まる厳しい世界において、軍神の分身たちは天から授けられたファイティングスピリットを発揮し、人々を魅了し続けるでしょう。

格闘技、芸能、作家性を伴うアートの世界。

そういった「個性ありき」の世界は「生み出す才能・表現力・自分を追い込む力」が必要な分野ではありますが、それと同時に誘惑に負けない、周りからの圧力に引っ張られたりしないといった、何事にもめげない・折れない・へこたれない精神も必要なはず。

そんな求道者的な世界に生きるには、どうしても火星のパワーを補給して、「克己心・活力・勇気」といったものをチャージする必要があるように思えます。

「個が際立つ領域」において輝くために必要不可欠な、勇気・活気・そして負けん気。

それらを生まれた時から授けられている牡羊座は、常に勝利の女神から微笑《ほほえ》みかけられている人たちなのかもしれません。

牡羊座の愛

牡羊座の愛は、いわゆるロミオ&ジュリエット的なものとか、いきなり秘密の恋が始まるといったロマンティシズム溢れる連続ドラマ的なものとはあまりご縁がないかもしれません。

なぜなら牡羊座の愛の物語の始まりは、おそらく二つしかないからです。

一つは仕事関係で知り合った人やその繋がりからの紹介等で、同志関係や目的を共にする人たちの中から関係が生じて、そこから結婚や同棲といった流れになるパターン。

そしてもう一つは意外かもしれませんが、いきなりの一目惚れや突然の告白からのお付き合いといったものです。

これは実は説明が難しいのですが、牡羊座というのは「少年」のような年齢域を担当する星座なので、思春期、なんならそれ以前の少年少女が持ちうる感性・感覚が恋愛においても適用されますので、どちらかというと深みというよりは、感覚的に好きとか、〇〇が好みといった、非常に動物的なセンサーに基づくもののはずです。

パートナーシップ・お付き合いの過程においても蠍座のような深い恋愛ではなくて、中高生が同級生とお付き合いをするような感じ、ライト&フレッシュなデートを繰り返していくはずです。基本的には裏表がないシンプルな人が牡羊座なので「重い」と言われることはないかもしれませんが、マンネリ化したりして物足りなくなってくるなんていうことはあるかもしれません。

また、熱し易く冷め易いのも牡羊座の特徴でもあるので、数週間とか数カ月で次の相手にいくなど、付き合ったり別れたりをハイペースで繰り返すことも。

まるで山で狩りをする狩人が状況に応じてターゲットを変えたりするように、好きな人がハイスピードで入れ替わったりするのも、牡羊座の人が**パッションの星を背負う人たちで、また、気持ちに正直で心に嘘をつけない人**であるからこその行動かもしれません。

基本的に執着とか未練がなくカラッとした星座なので、悩んで悩んで悩み抜いて、頭が狂いそうになるほどモヤモヤと格闘する！　なんていうことは牡羊座の辞書には記載されていないはず！　また、バックギアとかブレーキもない牡羊座の人々には、復縁なるものもあまりご縁がない概念と言えるでしょう。

牡羊座の成功

牡羊座はスピードキングとも言えるほど勢いのある星座なので、「一番手になること・先駆者になること・独創性があること・オリジナルなこと」を成しとげ、スポットを浴びることでパワーをチャージし、またそれを原動力としてさらに新しいパーソナリティの開拓と拡大を進めていける人たちです。

世の中のトレンドや次にヒットしそうなもの、はたまた大きな利権を生みそうな次世代の事業・ビジネスなどに関わったり、結果に応じて給料・報酬が上がっていくものが牡羊座の価値感とかちあうもののはず。

ベンチャーマインドが強いので、成果に応じてハイスピード出世が叶うところだとどんどん自分を試したくなるはずですし、そのまま勢いに乗って起業したり、フリーランスとして動いても平均以上のスコアを叩き出せるはず。

牡羊座の「燃える炎」を生かすには、成果に応じたリターンがもたらされるなど、報酬系ホルモン・ドーパミンの分泌を刺激してあげるのが上策。競争・バトル・ゲーム的な要素を取り入れて、闘争心やライバル心に火をつけたりして内燃機関を常に燃やせる状態にしておくことが、仕事における成功の鍵であり環境づくりの肝と言えるかもしれません。

そうやって競わせたり戦わせたりすれば、負けず嫌いの牡羊座のことです。勝手にお互いに競い合い高め合い、レベルアップをし合い、それが結果的に牡羊座の底力を伸ばすことにも繋がり、また会社・組織の繁栄にも繋がっていくはずです。

先ほどもお伝えした通り、牡羊座が人生における**圧倒的な達成感・成功感を得るには、「自分の個性が認められること」が大事**です。

単純に表現するならそれは名や顔が売れることや、自分が手がけたものが売れたり評価されることと言えるでしょう。いずれもセルフ・自分意識が絡んでくるのが「自分軸の星座」らしく、「I am」の星座である牡羊座らしいところだと言えるでしょう。

牡羊座のセンス

牡羊座のアンテナが拾うもの。

そのキーワードは「今」と「パーソナル」です。

今に最大フォーカスを当てることができる星座は他には、例えば、双子座があるのですが、双子座はどちらかというと世界全体を見渡して「今流行っているもの・これから流行りそうなもの」を吸着するアンテナを持つのに対して、牡羊座のそれはもう少し半径が狭め。

ただ、牡羊座の場合は「今・流行っているもの」というよりは「今・はまっているもの」にフォーカスするのが特長です。

また、**牡羊座の人は非常にパッションに敏感です。**

マーケティングコストをかけただけの商品・商材よりも、誰かの想いがぎゅっと濃縮された商品・サービス等に愛や熱を感じ、気づけば行きつけのお店になっている、なんていうことも。

そして牡羊座と言えば、やはり「パーソナル」といった概念を外すことはできません。

オーダーメイドの品とか、個人宛にメッセージをくれるとか、個々に違う対応をしてくれるといったものには目がないはず。

また、完全に「体験論者」ですので、周りからの風評やメディア等の影響を受けづらく、「自分がいいと思ったこと・いいと感じたこと」以外は受け付けない傾向があります。

そのかわり全て体験したことをベースに語るので、アドバイスとかレビューとかコメント等は一定の信頼・信用を受けるので、それが基となり、コラムやブログ、連載等を受け持つ人もいるやもしれません。

精神的には「少年の年齢域」を担当することもあり、変に哲学的なものや意味深なものよりは、ヴィジュアル・ネーミングが「可愛い・綺麗」といったインパクトやファーストインプレッションが良さそうなものを選びがち。

赤、ベージュ、ピンク、白がラッキーカラーなので、そのあたりの色の小物や車・乗り物を持ったり、また、ワードローブにそういった「元気が出る色」を多く持ち、時に派手な色を豪快に使いたくなる、ファッションで自分を表現したくなるのも牡羊座の人の特徴の一つかと思います。

牡羊座の体

牡羊座の人の担当部位は頭、特に鼻から上と言われています。

副鼻腔炎、眼病、耳の疾患、そして頭皮や頭（頭蓋）などが牡羊座の人がケアするべきこと、部位であり、また同時に「目・鼻まわりのパーツや額・ヘアスタイル」はチャームポイントでもあり、なかでも女性であれば目力や特徴的なヘアスタイル、毛質の良さは特筆に価する牡羊座のビューティーエレメント。

また、牡羊座の人は顔を覚えられやすく、その**明るい性格も相まって、キャラクター自体が一つの強力な個性として光を放つ人が多い**ように思います。

髪の話に戻ると、牡羊座の人は、牡羊座に天体が集中すると特徴的なヘアスタイルを好みます。

また、天然パーマや特殊な地毛の色等をお持ちで、それがトレードマークになっている、なんていう人も牡羊座の人には多いかもしれません。

牡羊座は軍神の化身でもあることからせっかちになったり、正義を愛するがゆえに許せないことが人生で多々発生しがち。

それゆえ徹底的なストレスケア・アンガーマネジメント・ガス抜きが健康寿命を長く保つ鍵となります。短気は損気とも言います。どれだけゆったりした気分で過ごせるか、短気なところを治められるかが公私ともに重要なファクターで、気分を安定させることが自身の健康や、ひいては周りの人たちの精神衛生のためにも積極的に取り入れたい概念かもしれません。

牡羊座は、せっかちでスピード感がある人たちです。

考えるよりも体が動くタイプのため、いきなり道路に飛び出して車にぶつかるなど、不注意・ケアレスミスによる事故・転倒・怪我等には他星座よりも注意が必要です。

いくら軍神とはいえ車にひかれたりすれば、さすがに無傷だとは思えませんので……。

牡羊座の体に合うものはスパイシーな食べ物や鶏肉、卵。スパイス全般や七味・一味・あとはキムチも体にマッチするでしょう。そして相性のいい調理法はやはり火星を背負う星座らしく、火、特に炭火を使ったものです。グリルやオーブンで焼いた食べ物から火のパワーをダイレクトチャージすることができます。

四川料理などのちょっと辛めの中華料理、タイ・ベトナム料理等、エスニックなものもエネルギー源としては適しているので、ヘルシーなアジアンフードは基本的に全て好相性だと言えます。

また、スリランカ・インド等にアーユルヴェーダのリトリートを受けに行くとか、硫黄分や酸性度の高い温泉に行くのも解毒や体力回復に良いかもしれません。

No - 2

牡牛座

4/20~5/20生まれ

もしこの世に牡牛座がいなければ、世界には美術館も博物館も存在していないかもしれません。

また、子々孫々に受け継がれるような名品や逸品の数々、ジュエリー等が生まれることもなかったかもしれません。

もっと日常的なところでいうならば、ハレの日に伺いたい老舗レストランや一張羅を仕立てるテーラー等が存在しているのも、やはりこの世界に一定数の目利きである牡牛座さんたちがいて、彼らがその良さを語り、通い、時に店主を励ましたりして、店や職人を育てたりしているからではないでしょうか。

本物を見つける鷹の目・天眼というべきもの。

それを天から授けられているのが牡牛座の人たちなのですが、そんな彼らが出生時に渡されたプログラム、それは〝世界中の宝物を見つけていく〟というものです。

彼らがこの世界から本物を発掘し、紹介してくれるからこそ、私たちは美術館とか宝石とか美しい服、また映画等の素晴らしい世界観を享受できているのです。

そうして考えると、牡牛座の人とは宝物を見つけるために世界を駆け回るトレジャーハンターであり、また、この世界を美しくしていく〝地球美化委員〟と言える人たちなのかもしれません。

牡牛座の世界観

牛と牡牛座の関係

動物の牛を観察していると、牡牛座の人とよく似ているなという点がいくつか見つかりますが、そのうちの一つで最も親和性が高いなと思うものに、「反芻《はんすう》すること」があります。反芻とは、一旦食べ物を口に入れて、それを消化器官に落とし込んだ後に口の中に戻しまた咀《そ》嚼《しゃく》するという一連の動きのこと。そうすることによって食物から採れる栄養吸収効率が飛躍的に上がり、生命体としての強さや生存率が向上します。

牡牛座の人の特徴に「物事を何度も繰り返すルーティーンが得意」、「しっかりと五感を使って味わうこと」や「体が頑丈で生命力に溢れる」というものがありますが、そういった生命力の高さや、一つの物事を何度も繰り返して最大のインプットを得ようとする姿勢・マインドの源は、上述の「味わうことに長けた牛たち」に由来するのかもしれません。

牡牛座の人は五感が優れているとされていますが、牡牛座の担当部位は鼻・舌・口・首と言われていたりもするように、嗅覚・味覚に特に優れている人が多い印象があります。

また、放牧されている牛を見ているとよくわかりますが、牛は臆病ではあるものの好奇心旺盛なところもあり、柵のあたりまで寄ってきたりコミュニケーションを取ろうとする生き物です。基本的には餌は反芻して何度も味わって、新しいものには近寄ってみる。寝て、起きてはまた食べて……と、牛たちはなんとものんびり、マイペース。

牛たちが牧場でその生を謳歌しているように、牡牛座の人たちも牧歌的な生き方を好み、**各々のペースで世界という豊穣の大地のもたらす実りを味わう人たち**です。

他の星座の人たちが人生論を語る時、人生とは勝利であるとか、人生とは成功であるとか、はたまた、人生は発見の連続であると表していくなら、牡牛座の人たちはきっと「人生はその味わいを堪能するものである」なんて言うかもしれません。

牡牛座の魂に刻まれたもの

牡牛座の人は「感じること」に非常に敏感です。

美味しい、気持ちいい、肌触りが良い、良い香りがする等、その目、耳、肌、舌、鼻はまるで常人のそれの数倍ぐらいの感度にチューンナップされているのでは？　と思わずにはいられないほどに研ぎ澄まされた五感を持つのが牡牛座の人の最大の特徴です。

例えば、美味しいものに感化されていくうちに「優れた料理人」となったり、骨董やヴィンテージのものにはまり、それが興じて「骨董屋やギャラリー」を開いたり、はたまた趣味の食べ歩きとその様子をブログ等にアップしていたら、それが人気ブログになり「プロブロガー」になったりと、好きこそ物の上手なれなんて言いますが、牡牛座の人ほどその言葉がぴったりフィットする人はいないかもしれません。

また、人生を味わい尽くす！　ことが目的の魂でもあるため、とにかく同じものでも同じことでも同じ服でも、何度も何度も一生飽きがこないのかと思えるほどに「リピートする癖」を持つのが牡牛座の人なのです。

同じものを食べたり、同じものばかりを着ている人は「牡牛座力が高め」と言えるほどに、「ごひいき癖」を持つことは牡牛座の特徴とも言えるものですが、これは牡牛座が「型」や「ルーティーン」を定めることで安心を覚える性質を持つことに起因しています。

牡牛座は優れた五感のセンサーを持つため、毎日違うところに行き、違うことをやり、違うものを食べるような生活をすると、容易にセンサー自体が持つキャパシティを超えてしまいます。

定番を作り、いつもの場所で、いつもの○○を食べる・いただくということを習慣化したりするのはきっとその過敏すぎるセンサーを守るためでもあり、精度をぶらさないための自動保守機能が完璧に機能しているから故の行動なのでしょう。

また、牡牛座の人は「I have（我は所有する）」という銘を持っているように、「ものを所有すること」に対して課題を授けられた人なので、大きなものを買ったり、また、売却したりすることも他の星座の人に比べると多くなる傾向があります。不動産や車、相続した権利や株、はたまた、なんらかの高付加価値のあるものというのがその典型例ですが、そうして大きなお金を動かしていくことによって「世の中で何が価値があるのか、またその価値はどのようにして決まるのか」という価値の有る無しや流通・経済の仕組みを人生を通して学んでいくのです。

そして、ある程度学びが進んでいくと今度は自分から、価値があるもの、高付加価値のもの、みんなが本物だと認めてくれるものを世に打ち出していくことになります。

牡牛座は本物志向であり、自分の価値観、特に美意識に揺るぎない自信を持っています。

どれだけ世の中が変わっても、**評価や格付けが変わることのない普遍的な美とかオーセンティックなアイデア・商品を見出したり、作り出す才に長け、また実際にそれを個人的な領域に留めずに広く世界に表現していける、美の巨人たち。**それが牡牛座の人たちなのです。

真《しん》贋《がん》を見抜く目を持たされた人たち

牡羊座は十二星座一の瞬発力を持ち、獅子座は天性の華やかさを授けられていて、山羊座が組織・世界・社会の構造自体を作り変えていく力を託されているとするならば、牡牛座の持つ感性・芸術性・本物を見抜く目というのもまた天からのギフトとも言えるものでしょう。

本物を見抜くホルスの目を与えられているということは、**美味しい、美しい、オーセンティックなものを人の世に発信していく、知らしめていく役割を担う**ということでもあります。

当然ですが、その才覚は世のため人のために使うものであり、自らが独り占めしていいものでは決してありません。優れた美術・工芸品、美味しい食事と美酒にありつけるレストランや雰囲気抜群のバー、はたまた最新のファッションに触れられるブティックや、最高にクールなアイテムがズラリと並ぶトレンドショップなど、世界には本当にたくさんの美とキラメキが溢れています。そんなキラキラの世界を闊歩し、トレジャーハンターのように美しいものを見つけながら人生という旅をするのが、あなたの人生であり魂が求めるものです。

そしてそれは、何かを見つけたらそっと懐にしまいなさい、というものでは決してありません。

世界中の神話や寓話、はたまた格言に描かれているように、ちょっとした「我欲」が大きな歪み・事件に繋がる・発展していくということはままあるものです。牡牛座の人の人生はもともと備わっている「トレジャーハンティングのセンサー」と、後天的に身につけ、鍛えていくことになる「得たものを周りに分け与えていく力」のせめぎ合いで成り立つとも言えます。

得るだけ・狩るだけ・収穫するだけなら、サバンナの動物でもできます。

牡牛座がその人生の過程で「得たもの」をどうやって周りに還元していくか。どう加工・補修・調整して世に打ち出していくか。

そこに牡牛座の人生を成功へと導く鍵があるように思います。

牡牛座が人生で目指すもの

金星を守護星に持つ牡牛座は、快楽・美学を人生の主軸にする星座です。

牡牛座の生まれはグルメ、コレクター、アーティスト、キュレーター、音楽家、職人、作家といった職業の人たちを多く輩出していますが、それはきっと「美の星・金星」のエネルギーをその身に受けて生まれてきた宿命が、彼らを想像や快楽、芸術の世界へと駆り立てていくからでしょう。

また、同じ金星を守護とする兄弟星座に天秤座がありますが、天秤座は「対象物に対して金星パワーをふりかける」、いわば、魅力アップの魔法をかけることのできる人。

それに対して、牡牛座のそれは非常に個人的なもので、ひたすら自分の好きなものをコレクションしたり、製作に勤《いそ》しんだりすることができる、こだわりを通すことができる才覚です。

実際の職業にたとえるなら、天秤座は商業デザイナーや広告等のコピーライターで、牡牛座は職人やアーティストといった感じでしょうか。

同じ金星を守護星にするもの同士でも、この二つの星座の間には大きな差があります。

天秤座の人は時代の空気を読むことに長けプロデュースやアレンジといったことに長じるのに対して、牡牛座の人は**タイムレスな価値を持つものに惹かれたり、オーセンティックなものを作り出したりすることに長けています。**

牡牛座の人たちは時代の波や価値観の変容に流されない、「圧倒的な輝きを持つもの」を作ることに興味がある人たちで、いい意味で「消費されない」世界観を持つ人たちです。または、そういうタイムレスなサービスを提供する会社や器、システム等を作ることに命をかける人たちでもあります。

冒頭にもありますが、「美しいもの・綺麗なことだけが時代・宗教・性別・国境・格差等を超えていくものである」という普遍性こそが牡牛座を突き動かすモチベーションの泉となりえるものであり、彼らがその人生を捧げる価値があるものと言えるでしょう。

牡牛座の性質

牡牛座の基本性格

牡牛座は不動宮の一番手であり、しかも土のエレメントの星座なので、十二星座の中で一番どっしりかまえていて、まるで山のような風格を持つ人たちであります。

それゆえ、その不動心から、人から頼られたり、気づいたらリーダー的なことを担っているということもあるでしょう。射手座や牡羊座のようなスピード感には欠けるかもしれませんが、なんといっても安定感とか誠実感というパラメーターは十二星座の中でもトップクラスのものを持っています。美の星・金星を守護とするだけあり、アーティストやシンガーとして活躍する人もいて、そういう場合も変わらぬファンがいたり、長く愛されること間違いなし。各業界で不動の地位を築くこともできるでしょう。

また、先ほどは山と形容しましたが、牡牛座の人は大地であり、受け皿でもあります。

多くの人が乗ってこようとも、たくさんの仕事を抱えようとも動じず、地面として、大地としての役目をマイペースに果たし続け、人々に大地の実りを供給し続けます。

また、牡牛座は「I have（我は所有する）」なる言葉をあてがわれているように、「金庫」の役割を持つ星座とも言えます。

牡牛座の人は人生においてたくさんの宝物を見つけ、その都度、それらを自分の持つ金庫の中に収集していきます。人生の歩を進めるうちに「あれやっぱりこれは違ったかな」と、金庫の中にあるものを手放したり、売却したりということもあるでしょう。

そして、また空いたスペースに新しい宝物・獲物を入れていくことを繰り返していくと、最終的にはある一つの「コレクション」とも言えるようなものが出来上がってくるでしょう。

牡牛座の人生とは、どういうトレジャーハンティングをしてきたか、何にこだわって生きてきたかが問われるものでもあります。

どういうものを持っているか、どういうところに住んでいるかは、その人の人となりやパーソナリティを表すもので、アイデンティティそのものです。

牡牛座がファッションや住まい、インテリア、持ち物の全てにこだわりを見せるのは、きっとそういう意識が幼少期から発達しているから。

一流好みで、品格があるものを好むのは、きっと「外見」は内面を表す鏡であるということを魂レベルで知っている人だからなのかもしれません。

牡牛座の才能

牡牛座の才能とは錬金術師のそれに似ています。

錬金術とは中世ヨーロッパ等で大いに研究されていた学問で、卑金属を貴金属に変えることを試みた術式のことを指します。現代社会ではマジックや魔術的なことを指す際に使われることもある言葉ですが、牡牛座は普通の人が見たら価値がないとされるものの中にも一条の光を見出し、価値があるものへと昇華させることができたりして、それこそがまさに現代の錬金術師とも言える牡牛座の才能です。

目利き力と言えるのかもしれませんが、牡牛座のそれは十二星座一。

牡牛座の人は本物ファーストの人。自分の感覚に絶対的な自信があるので、「美味しい・不味《まず》い・良い・悪い・綺麗・醜い」をはっきりとジャッジできる人たちでもあります。

社会的にどんなレッテル・ランク・批評をされていたとしても、それに振り回されることもありません。周りの声よりも基準となるのは自分の感覚のみ。いいと感じればいいし、そうじゃないと感じたらＮＯ。そこに第三者が口を挟む余地はないのです。

その個人的な感覚が最優先となる性質や社会的な流行り廃りやトレンドはあまり気にしないので、牡牛座の人は世界が欲しがる一大ブランドを若くして立ち上げるとか、みんなが好むポップミュージックの大家になるといった人は実はそんなに多くはないかもしれません。

ただ、世代を超えて愛される名曲とか、永遠の定番と言えるようなものとか、百年後にもみんなが欲しいと思えるような鉄板・マストアイテムを生み出していく可能性をその内に秘めているのが、本物志向の牡牛座の人たちなのです。

時代の風に吹かれてパッと出てパッと消えていくものは牡牛座のテイストではなく、**永続するもの、何代にもわたり残るものや語り継がれるもののみが牡牛座にとっては真に価値があるものであり、牡牛座の人たちが目指すこと。**

真贋を見抜く目や審美眼を天から授かっているのは伊達《だて》ではないのです。

牡牛座の愛

金星を守護星とする牡牛座は、愛というものを最後の一かけらに至るまで味わい尽くそうとする人たちです。

一旦誰かとお付き合いをする、家族を持つ等、愛する対象ができると、究極の加点方式の観察者となります。あの人はここが素晴らしい、あの人のここがチャーミングだ、あの子は料理がうまい等々、その人の「綺麗なところ・美点」をこれでもかと見つけていくでしょう。

生来、宝探しがうまい牡牛座は、対人においても宝探しのプロフェッショナル。

美点や長所を探し当てていくので、人を褒めること、また伸ばすことにも長けています。

実際に牡牛座のこうした「光を当てていく行為」に心を救われたり、温かい気持ちにさせられた人は多いのではないでしょうか。

あいつはいいやつだ、とかあの人は性格がいい人、なんて形容される人がちらほら世間にはいますが、それは牡牛座気質が強めの人のことかもしれません。

また、牡牛座は半径数十メートルのところをテリトリーとする人たちなので、相手の社会的な属性とかなんらかの「制度・風習・慣習」よりも、自分の五感と動物的勘とも言えるようなものでパートナーや相手を選ぶ傾向があります。

仕事が変わるとか住まいが変わるとか収入が変わるといった社会的な要素ではなく、笑い声とか食べ方とか声のトーンとか目もとといった、個人的な要素に愛の源泉を見つけていく人たちと言えるかもしれません。

牡牛座の愛情はひたすら同じものを咀嚼し、反芻する愛情。

年を重ねたら重ねた分だけ、ミルフィーユのように共に過ごした時が層状になっていく。その重なりが示す厚みこそが自分が積み上げてきた愛情の履歴そのものであり、誇れるものです。

牡牛座は**自分の人生をかけて愛するに足る器を見つけたら、終生その愛を育んでいくことに至上の喜びを感じる、変わることのないエターナルな関係性を築くことのできる星座です。**

それゆえ、愛に見返りは求めませんが、楽しい時間を過ごせること、美食・美酒が振る舞われる宴や、芸術を愛することや五感を満たすことを共に楽しむことができなかったり、理解がされない、もしくは阻害されると著しくテンションが下がります。

そしてその状態が続いてしまうと「快の世界からの使者」である牡牛座は苦しか感じなくなり、そのうち愛想をつかして宮中から飛び出してしまうかもしれません。

牡牛座の成功

牡牛座の人生は「わらしべ長者」のようなものだと思うことがあります。

牡牛座の人の多くは、おそらく人生のどこかのタイミング、おそらく学生時代か十代ないし、二十代前半頃には何か「豊かさの種」のようなものを手に入れます。

そしてそれを使って何かを生み出したり、またその副産物と今度は何かを交換したりして、豊かさ・幸せの種を育てていくのです。

例えば、その豊かさの種からとれた実や花を売って、それを原資にカメラを買い、美しいお花を撮っていたら写真家としてデビュー。しばらくすると今度は著名人を撮るようになり、その延長線上で著名人のお家のスタイリングやインテリアのコーディネートを任されるようになり、最終的にはそこから得た繋がりで富豪のパートナーと一緒になったりもする。また、ビジネスでも成功し、大邸宅を立て、終生豊かに過ごしましたとさ、めでたしめでたし、と進んでいくのが牡牛座の人の成功パターンのうちの一つだと言えそうです。

「種を育て、花を咲かせる。そしてその花を売ってカメラを買って写真を撮る」

このストーリーの中で「売り物」となっているもの、そこに共通しているのは「美意識」というものです。言葉で書くのは簡単ですが、花にもそれぞれ育成方法がありますし、また花を得るのにも値付けからプレゼン方法、売り場の見せ方等々色々なテクニックがあります。そして花の写真を撮ると言っても、そんなカメラマンはごまんと存在します。

でも、なぜか美しいもの・ことに関しては自然に最適解を見つけられる、いや、答えのほうが牡牛座の人を呼び寄せるかのように、正解に自動的に導かれていくのが牡牛座の人生の不思議なところです。

趣味がこうじて仕事になるとか、好きを仕事にとか、最近巷《ちまた》ではよく聞く言葉ですが、それはある意味、牡牛座のためにあるような言葉なのかもしれません。

保守的で責任感もある牡牛座は与えられた仕事もできますし、安定感があるので公務員的な仕事にも向きますが、とはいえ、美意識・美的感覚と「あるものを倍々ゲームで増やしていく」センスと手腕は十二星座中最高クラスですから、芸能・芸術・趣味、また感性を生かしていくアクティビティのほうが牡牛座の持つこだわりは生かされていくはずです。

そうして最終的にはヴィンテージカーのコレクションを所有したり、高価なワインが地下のカーヴやワインセラーにずらっと並んでいたり、美術品とか絵のコレクターになったりと、大好きなものに囲まれた空間を持つとか、膨大な何かのコレクションを集めるといった、幼少期・少年期ぐらいに抱いた夢を全て現実に叶えてしまうのが牡牛座の人生のライフパスであり、最も牡牛座的な成功の形といえるものかもしれません。

牡牛座と富

牡牛座の人生でおそらく最も重要なキーワード。

それはきっと「宝物を見つけること」ではないでしょうか。

牡牛座は五感の星座と言われますが、それは、この世界にある「色・豊かさ」を味わいつくすために星々から鋭敏な体感覚を与えられているからです。

そして、最終的には**永遠の魅力を放つものを作り上げたり、タイムレスな価値を持つものを所有したりすることが、牡牛座の人に課された人生の目的・課題**だと言えます。

そう考えると、牡牛座の人は実に「軍資金」が必要な星座だと言えます。

色々な五感を使った経験をしに来た魂であり、ピンからキリまで色々なことを味わいに来たとするならば、風光明眉なテラスでのランチや星付きレストランに行ってみたり、5スターホテルや海外リゾートを泊まり歩いたりしたいものですが、それも「資金不足」では叶わぬ夢となってしまいます。

そのための牡牛座の人生には、お金にまつわるたくさんのドラマや出来事、または財物にまつわる問いが多く生じる傾向があります。

よく言われることですが、お金には善悪はありません。

ただ、お金を稼ぐことやその使い方には品性が出るもの。

人生の各場面、各ステージで財物にまつわる問題等に遭遇した際、牡牛座の人に非常に重要なアティテュード。それは品格を失わないことです。

それさえ守れば、牡牛座の人生は何が起きてもきっと上向きに転じるはずです。

金星の守護者ヴィーナスが守りし牡牛座には「貧相なこと・守銭奴的なこと」、そして、余裕の感じられない行為や在り方こそが最も「似つかわしくないもの」です。

ヴィーナスの守護をより強く受けるには、ゴージャスであること、品良くあること、そして、小事にこだわらず、寛容であることが必要最低条件。

それらを守るだけで牡牛座の人生は「金のオーラ」に包まれた、古代ローマの有産階級のような生涯を過ごすことすらできることでしょう。

牡牛座のセンス

美的センサーの精度において、牡牛座のそれの上をいく星座は果たして存在するでしょうか。

牡牛座の持つアンテナは、**一過性のものや作られたイメージではなく、本当に価値があるも**

の・時空を超えた光を放つもののみに敏感に反応します。そして、幾月・幾年かかろうとも、「狙った獲物」は必ずものにしていくのが牡牛座の人たちです。

一旦その「お宝」を得たら、牛たちが反芻するように、ずーっと眺めてみたり、箱から出してみたり、また箱に戻してみたり、とにかく色々な楽しみ方をして、全ての旨味・感動を味わおうとするのです。

また、牡牛座のセンスはオーセンティックなため、奇抜なものよりは王道なもの、マイナーなものよりはメジャーなものに引きよせられますが、奇抜なものでも「抜きん出たオリジナリティがある」とか、たとえマイナーでも圧倒的に美しいなど、本物の光を放つものであれば、牡牛座のお眼鏡に適い、そのコレクションに加えてくれるはずです。

牡牛座のグルメ感は他の追随を許さないものがあります。

美食家と言われる方やその周囲の食通友達には、牡牛座率が高いかもしれません。

食材のことや調理法にも詳しく、実際に男女問わず料理が上手だったり、珍しい器のコレクションを持っていたり、食事、ダイニングルーム、レストラン、カフェ等全てに行きつけやこだわりがあるなど、牡牛座の「食」にまつわる熱意や情熱はすさまじいものがあります。

牡牛座は「型」の星座でもあるので、「定型・スタンダード」と言われるような衣服、例えばスーツスタイル・ドレス・パーティー用のフォーマルな装いといったものを好んだり、そういうものがバッチリはまったりもします。

ディテールや色といったものが周り、ひいては自分の心理等に与える影響も熟知しているので、同じ型でも微妙なディテール違いや色違いを数着も持っていたり、自分の定番のスタイルを作り上げるために同じ服を数着持っている人がいたりするのも、牡牛座の特徴の一つと言えそうです。

そして、時を経ても変わらない魅力・価値を持つものを見分けるので、子々孫々に引き継げるジュエリーや不動産を手に入れて、運用したりリメイクして「利殖すること」にも長けています。

美しいものやゴージャスなものが持つ波動はさらなる富・豊かさ・華を生む。

豊かに過ごすためには、まずは最初の豊かさの種を手に入れる必要がある。

その黄金法則を知っているからこそ、牡牛座の人はせっせと仕事や社会活動を頑張ることになるのですが、それはきっと牡牛座の魂が「富が富を呼ぶこと」をどこかで感じ取っているからなのでしょうか。

牡牛座の体

牡牛座の人は、おそらく十二星座の中でもトップクラスのチャームを持つ人たちでしょう。

誰からも愛される笑顔やゴージャスな雰囲気、優雅な女優・俳優オーラで包まれた、どこか意識的なものを感じさせる人たち、それが牡牛座です。


そんな牡牛座の人たちが気をつけるべきところ。

それは、表情の元を作る部位にあります。

例えば、笑顔を作るには表情筋を動かす必要があります。白い歯や潤いのある唇も牡牛座のヴィーナススマイルには欠かせないところ。また、フェイスラインも大事なポイントと言えるでしょう。

ちなみに顔の鼻から下、鎖骨から上の全ての箇所が、牡牛座の担当部位と言われる箇所です。

そのあたりをチャームポイントとする人が多い反面、疲労による劣化や詰まりが生じやすいポイントでもあります。

また、昨今のパソコンやスマートフォンが主体のワークスタイルもこの部位に負担をかけますし、好きなことに没頭できてしまう牡牛座の特性も更に追い討ちをかける傾向が。仕事や生活スタイルによってはずっと同じ姿勢でいることが増え、どうしても首・肩を中心に、腰から上が硬直化しがち。特にストレートネックや頸椎椎間板ヘルニア等には注意が必要です。

また、奥歯の噛みしめや就寝中の歯ぎしりや食いしばりも発生しがちなので、口腔環境のチェックやデンタルクリーニングは欠かせません。牡牛座の人は甘いものが好きだったり、美食家も多く、齲《う》歯《し》（虫歯のこと）のチェックも欠かせないので、行きつけのデンタルクリニックを作っておくのもオススメです。

歯医者さんや首・肩のコリ対策にカイロプラクティックや鍼灸などのプロにかかりやすいのが牡牛座の人の特徴なので、ゴッドハンド的なプロフェッショナルの知り合い、先生を数カ所、数人作っておくといいかもしれません。

また、牡牛座の人は**触られることで体にパワーが戻ってくる体質を持ちます**。

ちょっと手を繋ぐとかハグをするとかマッサージしてもらうとか、必ずしもパートナーや家族でなくても、プロに触ってもらうだけでどこか体がほぐれるのを体感し、パワーが復活してくるのがわかるはず。定期的に相性の良いマッサージ・施術師に触れてもらうのも、手っ取り早い自分自身の調律方法と言えるかもしれません。

そんな牡牛座の体の調子を整えるためには、首・肩の血流をしっかり流してあげることと、良質な睡眠。特に寝具にこだわることは、快不快にこだわりを持つ牡牛座からすると、最も投資効率のいい健康維持方法と言えるかもしれません。

食材的には穀物、イチゴやベリー系のフルーツ、お肉・お魚（タンパク質）がパワーフードなのですが、量よりはできるだけ質にこだわりたいところ。

牡牛座とは「こだわり」の星座なので、とびきり上等のものを少しだけいただくことが健康長寿の鍵と言えるでしょう。

No-3

双子座

5/21～6/20生まれ

双子座の人たちは、天から降りてくる時に好奇心の種を授けられました。双子座の人が幼少期から「どうして？　なぜ？」といつも質問したり、本や辞書が好きだったりするのはそのためです。大きくなってからもその好奇心なるものは加速し続け、旅に仕事に恋愛にグルメにと、彼らの人生は常に知性や探究心をくすぐられることが現れ続けます。

双子座の人は好奇心ドライブがフル回転している人たちですから、知の冒険へと、そのあり余るエネルギーをぶつけていくでしょう。

常に新しい〝ネタ〟を求めて世界を巡るのが双子座の人たちですが、この世界・地球はあまりにも大きな遊び場であり、学び舎でもあります。

ゆっくり過ごしていたら、その全てを体験することなど到底不可能！

色々なものを経験したくて、知りたくてたまらない！

飽くなき好奇心が、常に己をどこかに駆り立てていく。

それが双子座の本質であり、その身に組み込まれた神々の種、好奇心なるものが、あなたの中で躍動している証です。

双子座はスピード感に優れるとか頭の回転がいいなどと言われることがありますが、〝知性の実〟を授けられた双子座ですからそれも当然のこと。

今日も知らない世界の扉をノックし、新たな地の冒険に旅立とうとしているのかもしれません。

双子座の世界観

神話から知る双子座の個性

双子座の「双子」とは、いわゆる純粋な双生児ではなく、神様と人間の間に生まれた兄弟、カストルとポルックスのことです。

ギリシャ神話では、この二人は大神ゼウスとスパルタの王妃レダの間に生まれた子供たちで、兄カストルは人間の子、弟ポルックスは神の子であるとされています。そして、この双子の兄弟は、大神ゼウスの慈悲により兄の死後に二人仲良く空に上げられ星になった、というのが神話の中で語られている双子座のストーリーです。

ただ、仲良しと言っても、人間界の双子たちにも見た目や（二卵性の場合）性格・行動パターンにだいぶ違うことがあるように、この神話の世界の兄弟たちも、弟ポルックスは不死の体を持つ神の子であり、拳闘が得意で、兄カストルは人の子であり、軍略と馬術に秀でるといったように、それぞれに際立った個性を持っていました。

その異なる気質は、現世を生きる双子座の人たちにもきちんとエネルギーとして転写されていて、双子座がオールラウンダーでスマートな人が多く、尋ねればなんでも快く答えてくれるといった「良き人」な性質を表の顔として持つのは、まさにこの神の子・ポルックスの気質に由来しているのでしょう。

ただ、そんな善良な双子座ではありますが、昨日まで好きだったものが急に好きじゃなくなったり、急にドライになったりすることがあります。また、それが進んでいくと、ふっとどこかのタイミングで急に全部が面倒くさくなったりして、今まで築き上げてきたものを投げ出したくなることすらあるでしょう。

双子座の名前通り、二重人格とか躁鬱なのでは？　と思うほどに、何かのきっかけで変換スイッチが入ると、途端に「手のひら返し」や「鬼神の如き朝令暮改」をする時があるので、周囲の人からすると「え、いったいどうしたの⁉」と思われることもあるかもしれません。昨日までは元気そうだったし、楽しくやってきていたのに！　などと言われたりもするかもしれませんが、それは致し方ありません、双子座の人の基本モードがポルックスからカストルへと変わるとどうしてもそうなってしまうのです。

「なかのひと」「プログラム」「オペレーティングシステム」、言い方はなんでもいいのですが、それらがさっと別物へと変わると、外見は同じでも急に泣き言を言い出したり、寡黙になったり、不平不満を言ってみたり、また、急に欲求や欲望をダイレクトに伝えてくるなど、今まで優等生然としていた超越者が急に「人間らしく」なっていく、そんな不思議なスイッチを双子座の人は持ちますが、どうやらそのスイッチ自体は、自らが押すというよりは勝手に発動する類のものなので、自らの裁量での制御・制限が難しいもののよう。

神話の世界でも、カストル・ポルックスの二人は空に上がって星座になった後も、大神ゼウスの命により天界と地上を一日おきに交互に行き来していたなどと言われるように、現世においても双子座のモード切り替えスイッチというものはきっと自分で押せるものではなく、オートで切り替わるものなのかもしれません。

皆様ご存じの通り、人の世界には、利害関係のもつれや葛藤や嫉妬、愛憎といった「人間らしい感情や気持ち」といったものが溢れています。普通の人はそれを感じたり、考えたり、悩んだりしながら人生の荒波を進んでいくのですが、双子座の悲劇というか、辛いところは「そういった悲哀を一切感じない天使のような属性」とその反動から起きる「感情まみれの完全に俗世モードの人格」がパキッと分かれているところにあります。

それゆえ、明らかに今まではすごくいい人だったのに急に人が変わってしまったとか、今まではすごく頻繁に連絡をくれていたのにパッタリこなくなったといった風に他者からは評されたりすることも。

実は、双子座の人はその変わりように自分でも戸惑い、時に苦しんだりもしているのですが、それは他星座の人たちには決してうかがいしることができないこと。なぜなら**違う性質の二人が一つのパッケージの中で同居しているというのは、双子座だけにもたされた稀有な形質だからです。**

その特性ゆえどうしても自問自答することが増えて、「あの時はああするべきだったのだろうか」「いやでもあれはしかたがなかったし」「とはいえあの言い方は……」などと自分の中で相反する概念や気持ち、想いがぶつかり合い、ひどい時には、自問自答の無間地獄の深みにはまっていくこともあるかもしれません。

言葉が巧みで頭の回転も良いので、自分の中で対立を起こした時にはその波紋はエンドレスに大きくなり、不安の渦となっていったりもしますが、そんな時には双子座の長所である「豊かな繋がりや仲間を持つこと」を生かしてみるといいでしょう。

普段から人との繋がりや情報交換、友情を大事にしている双子座の人はきっと「病める時も健やかなる時も富める時も」一緒に時を過ごせる人たちが大勢いるはずですがどうでしょうか？「美味しいものでも食べて癒されたら？」とか「旅行にでも行こうよ」などと、気晴らしに連れ出してくれる友や仲間たちは、言葉や交流を大事にする双子座にとって最高の癒しとなるのではないでしょうか。

十二星座一のハイスペックオールラウンダー

今を生きることに全神経を集中している人たち。

それが双子座であり双子座気質そのもの。

そのため「近未来の問題解決」「今起きていること」に対する対応・対策は非常に得意で、独自の攻略法を見出すこともできてしまいます。

また、そのようなショートスパンでの記憶・対策系は十八番であり得意領域のため、試験や受験でも常にいい成績を叩き出します。とはいえ、「ガリ勉!」という感じではなくて、要点をついたやり方をし、要領よく最小限の努力で最大の結果が出せてしまうので、スポーツでも勉強でもスマートなハイスコアラーとしてランキング上位の常連と認識されているはず。

また、軍略を得意とした双子の兄カストルのパワーが生かされているというのもあるかもしれませんが、チェス・将棋・囲碁・麻雀・各種テレビ・ネットゲーム等といった戦略的マインドが必要とされるもの、コンサルティング的な仕事、ボディガード、探偵、コーチ、トレーナー等でもその才能を生かすことができるでしょう。

最先端のモード・トレンド発信系のライフスタイルマガジン・最新の家電・商品等を紹介する

メディア等は「アンテナ星座」である双子座のパワーが最も生かせる業界・領域と言えるので、それらの分野や仕事には高い適性を持つでしょう。

また、そういう雑誌・メディアを見たり、色々な情報・ニュースに触れることも双子座にとっては必要な栄養素とも言えます。そしてそれをさらに咀嚼して色付けしたりして「自分流に再編成」して打ち出していくことで自分の新しい世界観を構成することにもなりますし、またそれら一次情報を集めた二次情報サイト・キュレーションメディアを持つことも双子座の特徴を生かすことになるやもしれません。

双子座の魂に刻まれたもの

星座には、一番牡羊座から始まり十二番魚座で終わるサイクルがあり、それは人の一生にたとえられることもあります。

各星座は担当する年齢域を割り当てられていて、それでいうと、一番手であり始まりの星座・牡羊座は、生誕を司ります。

牡羊座の領域で、世に生まれ出て、個性を獲得した魂は、次に牡牛座の領域で五感を使うことを学びます。乳幼児がおもちゃに触ったり、聞こえてくる音を真似するように、感覚器官をフルに使って、食事・就寝等のルーティーンや基礎を学んでいくのです。

その次にやってくるのが三番手・双子座です。乳幼児は次に少年となり、そこで言葉や対人コミュニケーションを学びます。多くの人が経験があるかと思いますが、余計なことを言ってしまったがゆえに長年の関係がぶっつり切れるとか、言うべきことを言わなかったがゆえに関係が薄れていくとか。そういうことは人が人である以上いくつになってもつきものですし、また、他人の地雷的なものはそうおいそれとわかるものでもありません。

そして、双子座に生まれた人の魂はきっとそういう「やり取り」を楽しみに生まれてきた人なのだろうと思います。というのも、双子座の人の人生にはそういった人が急に離れていくとか、誰かと誰かを繋げるとか、仲間を作っていくとか、はたまた自分たちで遊びを考えていくなどといったことが頻発する傾向があるからです。

そういった出会いと別れ、言葉のすれ違い、やり取りの行き違いといったものを、少年期・青年期・中高年、老年期に至るまでずっと繰り返していく。それが交際・交流多き双子座の人生の特徴です。

小学生が二年おき（二〇二〇年現在、多くは一、二年おき）にクラス替えでクラスメイトがガラッと変わっていくように、定期的に人員の入れ替えが起こる、移動・変化の多い人生を送る傾向が高いのが双子座の人たちなのです。

双子座の学びの源泉は出会いであり、繋がりであり、対話です。

もちろん同じ人とずっと話していても飽きないという人はそれでもいいのですが、話のネタが尽きたり、会話とかリアクションに疲れたり、飽きたりといったことは誰にでも起きうるものです。

ただ、双子座に特有の地雷というものがあり、それはまさにこのルーティンの繰り返しから起こる、いわゆる「マンネリ」というもの。

ある程度親密に会話・やり取りを繰り返し、「最高のひと時」が終わったら、さらっと次に行く。そういったさすらいの放浪者のような感覚で生きることが、双子座の生来の生態とも言えるもの。

自分は好奇心を満足させるためにこの地に降りてきた魂であり、見聞を広げることがライフワークである存在だということを常に意識しておくと、「詰まりが生じる」ことも防げるように思います。

「万物は流転するもの」であります。

それはそっくりそのまま双子座の人生の軌跡にも当てはまります。

この地球をプレイフィールドにするダイナミックで活動的なエネルギー、それが双子座の魂の波動。

対話と移動とコミュニケーションを繰り返し、時にぶつかり、出会いや別れを繰り返しながら、異なる価値観がこの世にあること、そして世界は多種多様な色で溢れていることを学びます。

双子の魂とは、旅・移動・対話を通して、この世にあるたくさんの価値観に触れにきた、好奇心の種そのものと言えるかもしれません。

双子座が人生で目指すもの

占星術には四つの属性があります。火・土・風・水というのがそれで、双子座はその中の「風」、英語でいうならばウィンドではなくエアーと言われるものにグルーピングされる星座です。「エアー」とは空気、気、流れるものといったイメージで、実体がない様子がそこからもうかがい知ることができます。そして、その考え方、視点は、風の星座、特に双子座を理解する上では非常に重要なものとなります。

「エアー」的なものに流行・トレンド・雰囲気・波長・音というものがあります。

また、世間には流行っているお店やトレンド感のある場所、雰囲気のいいお店といったものがありますが、それらのお店・スペースの空気感を作っているのは「おそらく店内にある一体のオブジェ」ではなく、なんだかよくわからないけれどかっこいい感じとか全体的にスマートとかいったものなどの「おぼろげな、そのお店が纏《まと》うもの」のはず。

そういったもの以外でも「時代の空気を切り取った雑誌」とか「センスがいい番組・コンテンツ」というものが世の中にはありますが、それらは空気感を司る「エアーの申し子たち」である双子座や天秤座、水瓶座といった「風の星座の人たち」の手によって作り出されたものなのかもしれません。色々なパーツはセンスが良かったり、写真、映像が最高にキャッチー、言葉やセンテンスはパンチワードに溢れる……素敵なものが溢れている〝大人のおもちゃ箱〟のような世界観。

でも、そのどれかが「中心でコア」かと言われれば、前述のお話のように、きっと中身は空（くう）。台風の目が無風であるように、コアバリューとかはっきりとした源のようなものはきっと存在せず、そこに漂う空気感・雰囲気のようなものをトータルで作り上げる・提案できる才覚がエアー力であり、どうやったらそれができるのかを知っていて、それを伝えていくのが、双子座の力であり、双子座の人が纏う伝達人のオーラ・波長そのものなのではないでしょうか。

そうして考えていくと、双子座はやはり情報や空気感といったものを世に提供するパイプでありアンプであり、ブースターのようなものなのだろうと思えてきます。

パイプやアンプにももちろん実体・形態はありますが、パイプ・アンプの本質・役割とは、「流れ・情報・波長」をしかるべきところに届けること・通すこと。

例えば、今世の中に溢れているポータルサイト。

あの構造やあのサイト自体には何の意味も旨味もありませんが、魅力的なコンテンツが流れ込むこと、たくさんのバラエティ豊かな記事や音等が入ることで、特定の面白みや豊かさが提案できるものとなっていきます。

そして、双子座という大いなるポータルにどれだけの豊かなコンテンツをトラフィックとして流すことができるか、更にはその質・量を調整し、こだわることが双子座らしさを生かせるところだと言えます。

そういった**自分が伝えたいメッセージ・イメージ・雰囲気といったものが表現された場所を持ったり、プロデュースしたりして、自分を「渦の中心」とした「サーキュレーション・循環」を作り上げることができた時、双子座の人は大きな満足感を得られるでしょう。**

なぜなら、そのころにはもうただの一陣の風ではなく、世に影響を与えるタイフーン・ハリケーン・気流として、「名を持つ風」となり、大きな力、存在感を持っているはずだからです。

双子座の性質

双子座の基本性格

双子座は「メッセージを伝える人・伝令係」としてこの世に遣わされた人たちです。

天界から遣わされたメッセンジャーの双子座の人たちは、感度の高いアンテナを持ち、また、そのアンテナで受けとったものを世に伝えていく「生きた言葉を持つ者」です。

そして最新の、または今、世界に必要な情報をキャッチするために必要な機動力（フットワークの軽さ・馬力）を双子座は天から授かっているので、基本的にアクティブで、旅好きでお話好きという形質を持ちます。

また、近年らしい表現をするなら、「発信」好きでもあるはずです。

実際、アクティブに発信しすぎてタイムラインが自分の投稿で埋まったりということもあるかもしれませんが、それは自分が知りえたことを人にも伝えたいというピュアな思いがあるからです。

いいものや有用な情報はシェアしたいという願望が強く、常にアンテナの感度は高め安定。「社会の役に立つ」ことを生きがいとする、そんな社会性の高さがあるのが双子座の人たちなのです。

基本的には羽根のように軽くエアリーな気質を持つので、来るもの拒まず去るもの追わずのスタンスを持ち、その陽気な性格から、誰とでもすぐに仲良くなるので、交際・交流範囲も広いでしょう。ただ、最終的には誰にもその懐に入れない特異な距離感や、さらっとしたドライさがあるのも双子座の面白いところ。

また、人の世界には時には嫌なことや裏切り的なこと、無慈悲・無礼なことも起きたりもしますが、双子座の人は過ぎたことを根に持つドロドロしたヘビーな感じはありません。はたから見ると風のように軽やかなフットワークとトレンドをしっかりと押さえるアンテナを持つ、スマートな人。ただ、詳しく知れば知るほど、双子座とは内部に複雑な回線経路や情報の交差点を持つ星座であることが見えてきます。そうして思考が渋滞をおこすのは、双子座が三つの対話モードをその内に持つ人だからかもしれません。

その三つの対話モードは非常に独特なもので、十二星座の中では双子座のみが持つ特質でもあります。

その対話の一つ目とは自分との対話。これは多くの人が行っている内省とか内観というものです。

二つ目は他者との対話。いわゆる会話とか誰かとお話しするというのはこれに当たります。

そして最後、三つ目は自分の中にいるもう一人との対話です。

双子座は、その体の中に二人の人格を持つ（多重人格という意味ではなく）とされる星座です。

実際に二つの価値観とか二つの思想体系が一個人の中にあると、一つの物事を見た時に二つの異なる意見が内側から発生します。しかも、それが慎重に決めるべきものだったりすると「脳内で二人の対話・議論がスタート」して終わりなきディベートへと発展していくことになるのです。

優柔不断などと言われることもある双子座ですが、なかなか決断ができなかったりするのは、そういった脳内回路が最初からインストールされている出自に由来します。

そして、双子座自体は伝令の神様ヘルメスの使いであり、そもそもメッセンジャーとして天界から降りてきた人なので、重要なメッセージや叡智・価値観等を伝えることが主題ですから、ものすごく極端に言うと、双子座の辞書にはそもそも「決断」という概念・言葉はないのかもしれません。

双子座は情報を司る人であります。

ジャーナリストや記者のように、現場で起きていることを正確に伝えたり、こういうことが世界では起きていますよということを翻訳して伝えるということや「情報配信・発信や情報の分電盤」として生きるのが、双子座の使命のようなもの。

風が当たれば風車の羽根が回り、水を動かしたり、風力発電であれば電気を生み出せるように、**「入ってくるもの・通過するものをどういう風に使ったり流したりするか」というところが双子座の生を生きる上で重要となるポイントと言えるもの。**それ以外のところに関しては、意外と無関心でもいいのかもしれません。


双子座の人は基本的に温厚で争いを好みませんが、ドライな性格でスピーディなので、何かあった時の去り際は鮮やかです。

ほとんどの場合、何かがあっても風のようにいなくなることが多いように思いますが、彼らの「怒りスイッチ」とか「グッバイスイッチ」が入るのは風車に当たる風を抑えられそうになったり、流れ込んでくるものが阻害されたり、本来は無所属で、中ぶらりんなところを愛する「中空愛好者」の属性を持つ双子座に、なんらかの色をつけようとされた時ではないでしょうか。

そういった時には「スパイシーだがエモーショナルではない、ドライだがロジカルなメール・

書面・言葉」を誰かに投じることも辞さないはずです。またそういったことをする必要すらない時は、さらりといなくなるか、SNSやブログ等ならブロック・ミュートしたりして、関わることすらなくなっていくのが双子座をはじめとする、風の要素を持つ人の人付き合いの基本のような気がします。

双子座の才能

双子座は「知性との対話」の星座です。

誰かと対になり、もしくは複数人でテーブルを囲んだりして談笑したりする、そういった近接系コミュニケーションを楽しめる能力、それが双子座が天から持たされた才能です。

空気を読むなんていう言い方もありますが、そういう意味では双子座は、もともと風の星座の一角でもありますから**「空気を読むこと」なんて、まさに息をするようにできる**ことのはず。

また、風のエレメント自体は西洋ではウィンドではなくエアーと言われていることからも、双子座、天秤座、水瓶座の風の三星座は空気・雰囲気にまつわる何かを得意とする、「気にまつわる何か」を生業《なりわい》とするものたちであるということがわかります。

特にその中でも風の星座のトップバッター、双子座はまさに空気を読むエース。場に会話の種を供給し、話を膨らませ、また必要とあらば話の筋をスイッチしたりもする。会話を中心とするコミュニケーション、またはその情報の拡散のために生まれてきたような星座でもあるので、彼らほど「空気が読める人」はいないのではないでしょうか。

双子座の長所として「フレンドリー」で「フラット」であるということが挙げられます。

その対極にあるのは山羊座力とか射手座力というもので「権威とか学閥」というものかと思いますが、双子座の世界にはそういったお堅いものは皆無です。小学生が親の職業とか関係性とか関係なく友人同士で遊ぶように、大人になってもそういうフラットな関係性を楽しめ、且つ、フレンドリーな空気感をキープし続けられるのが双子座の特徴です。

ゆえに、双子座力を極めるほど、誰とでもすぐに仲良くなれたり、「なんであんなお堅い人の懐に入っていけるの？」みたいに立場の違う人とも旧知の仲みたいに接したり、上下関係とか堅苦しい空気をほぐし緩めることができるはずです。

また、空気を読むということは**「時代の空気を読む」力も授かっているということです。**

普段は対人関係で使っているセンサーやテキストを読む際に使っている、行間を読む力。

そういうコミュニケーションの力を時代にフォーカスさせると、トレンドやこれからの流れ、近未来予測を立てることも可能です。

実際に双子座の人は、ブロガー、インフルエンサー、エディター、ライター、コラムニスト、脚本家、放送作家等、何かを伝える・伝達する・表現するという職業に適性があったり、また実際にそういう職種に就く人も多いように思います。

また、双子座の特徴はその「リアクション力とスピード感」です。

双子座の知性は「今ここ」に最もフォーカスする質のもの。つまり、過去・現在・未来と流れる時間軸の中で、双子座の人が一番感度が高く、チューニングが合っているのが今という時間。なんなら「今この瞬間」というものこそが「ジェミニタイム・双子座時間」とも言えるものであり、双子座の才能が最も輝くところなのです。

再度、神話の話になりますが、双子座のシンボルであるカストルとポルックスという人と神の双子の兄弟。この二人が得意なものも「スピード感と瞬間瞬間の判断力が重要な競技」である馬術と拳闘だと言われているように、やはり「今この瞬間」にフォーカスすることで結果が出るものや、反応の精度・密度が重要となる領域・分野においては、双子座は天下を取れる素養があるようです。

現代においては、ゼロコンマ何秒の反応が勝敗をきめるボクシング、瞬間瞬間のリアクションが重要なお笑い芸人など。スピード感があり短期決戦型というとレーサーとか格闘技の選手・短距離ランナー等も双子座には適しているはずで、逆に淡々と同じことばかりを毎日やっていくとか、変化のない日常は双子座の人を飽きさせるには十分。

刺激のない毎日、移動も転勤も出張もない日々は逆に双子座を空気の循環のない、ストレスフルな世界へと引っ張りこむダークトリガーにもなりかねないので注意が必要です。

双子座の愛

双子座は好奇心の星座です。

どんどん新しいことにトライする、新しい価値観を吸収する、新しい景色を見に行く、そういうことを通して、人生を華やかで豊かなものにしていこうとする人たちです。

双子座の愛を語る時、このことは絶対に忘れてはいけないものだと思います。

双子座はフレッシュな感性、刺激を常に欲していて、知的・情緒的な刺激・新しいことを積極的に取り入れながら豊かな人生を楽しむために生まれてきた人たちなのです。水の星座に起こりがちな、深い自己犠牲とか献身性があること＝「愛」であるというような愛情論は、彼らの世界にはなく、もっと愉快で楽しい繋がりを好みます。

もちろんそういう少々ドラマティックな場面やシーンが、人生のどこかにはあってもいいでしょう。ドラマや映画等に没頭するとか影響を受けたりして、人生のある瞬間にその世界観にはまったり、恋の沼に落ちるというのはいくらでもありえます。

ただ、「誰かのために捧ぐ一生とか、誰かのサポートのみ」をすることは双子座の辞書の中には一切の記載が見当たらないのです。

双子座はもともと狩猟・拳闘・馬術のプロフェッショナルとも言える兄弟が元になっている星座です。その形質を受け継いだとするならば「非常にアクティブでアウトドア気質があり、ドライブ・サイクリング好きで、なんなら格闘技とか護身術にまで長ける、多趣味な性質を持つのが双子座である」と考えるほうが妥当でしょう。

実際にそういったアクティブな活動を共にできる人であったり、一緒に行動をする中で自分の発見・発信を受け止め、喜んでくれる人、また好奇心が旺盛で色々なことを一緒に楽しめる人を友人・配偶者に選ぶ傾向があります。

あとは言葉の力というものを信じている星座ですから、ワードセンスがいいとか文化的活動・芸術等を楽しめる力は双子座のパートナーには欲しいところ。

そういう文化的素養が高く、行動力がありインテリジェンスを感じる相手であるならば、双子座の人は満足のいくパートナーシップを築くことができるでしょう。

双子座の人は**「友愛の星座」であり、激情とか深愛の星座ではありません。**

それゆえ、深い愛や絶対的な誠実さを求める星座には、双子座のライトな愛情は響かないかもしれません。

しかも更に都合が悪いことに、友愛の気質が強い双子座は万人に愛想がいいため、多くの人から好かれる性質があります。

誰に対しても人当たりが良く、オールラウンダーでハイスペックで言葉のセンスも良く……となると男女問わず人気が出るのも、至極当然のこと。ただし、双子座の良さとは「浅く軽く、適度な距離で付き合うから」享受できるものとも言えます。

そしてその原因は「双子座がその名の通り、最初から二人で生まれていること」にあります。双子座はダブルボディードサインと言われるうちの一角でもあり（他に射手座・魚座がある）、その内にもう一人の別人格を内包しているとされる人たちです。

育児・介護などをしたことがある人はわかると思いますが、常に誰かにつきっきりだったり、誰かと寄り添う生活というのはエネルギーもパワーも取られるものですが、ある意味、双子座の人というのは「一心同体となった、もう一人を飼っている」ような基本形質を持つ人たちなのです。

自分の片割れとも言える存在は常に自分と共にある。しかも生まれた瞬間から！

そんな二心一体の双子座の傍にピッタリとくっついてしまうと「重婚」となるのは必定！

これがそもそも双子座の人が誰かと超親密になることが叶いづらく、距離が大切とされる理由です。

その禁を超えてまで近寄ろうとすると、双子座のキャパシティを超えてしまうので、一気に裏の顔・内に潜むもう一人が現れて、いつもの言葉遣いや普段のあり方ではなくなり、その変容ぶりに多くの人は面食らったりするかもしれません。

双子座のもう一つの顔。

それを見せられる相手は実は相当限られます。

若年期に誰かと付き合ったら、「こんなはずじゃなかった、こんな人だとは思わなかった」などと言われたことがある人も多いのではないでしょうか。

そういう意味では、双子座とは人当たりの良さが目立つわりに、相性面には意外と注意が必要な星座でもあるのです。

最適な距離を保ち、二人が自立し、互いをリスペクトする愛。

上下関係とか古き慣習がない友愛的な価値観こそが、双子座がパートナーに求める要素と言えるかもしれません。

双子座の成功

占星術の世界で知性を担当すると言われている惑星、水星。

この水星を守護星とし、その叡智・知性を最も強く受けているのが双子座と乙女座の二つの星座なのですが、実はその性質はだいぶ異なります。

わかりやすいようにキーワードを挙げていくとすると、双子座の持つ知性は「スピード感・アンテナの精度・情報収集・リサーチ力・発信力」というもの。

そして乙女座のほうはというと、「分析・管理・精査・裏づけ・管理・仕組みづくり・設計・施工」といったものです。

キーワードを見ていくと、速攻型が双子座で乙女座のほうは熟考型のような印象を受けますが、これは双子座が風の星座で、乙女座が土の星座であるというところにこの差が生じる要因があるようにも思えます。


双子座を語るには「アンテナ」は切っても切り離せない、不可分なもの。

それほど双子座の人たちは十二星座中最も感度の良いアンテナ力を持っていて、とにかく色々なものを受信・キャッチしていきます。

そのアンテナの範囲は広く、ご近所ネタから地元ネタ、また芸能人等のゴシップからネット掲示板の情報、当然社会のニュースに至るまで、「なんでそんなこと知ってるの？」と周りから言われることもしばしば。

また、情報を拡散したり、届けたり、必要であればそれを加工し、より良き方法でわかりやすく伝えることに長ける「伝え方上手」なのも、双子座の特性です。

説明・解説についてのセミナー・ワークショップ等では「小学校四年生でもわかるように説明することが大事」などと言われることがありますが、双子座の人はきっと最初からそれができる人たちであり、**難しいこともうまく噛み砕いて、容易な表現に変えて世に発信していける、伝え上手な人たち**なのです。

難しいことをやさしく伝える。

これは実は容易に見えて相当なスキル・語彙力・センスが必要なのですが、それをさらりと難なくできてしまうのが双子座の人のすごいところであり、水星のパワーの集約を感じるところでもあります。

そんなアンテナ力高めの生態を持つのが双子座ですから、その付き合い先、交友関係も多様性に富むもののはず。非常にアカデミックなところから、広告業界、学校等までボーダーレスに関係を持っていることから、いわば双子座自体が情報、つながりの分電盤のようになっているはずです。

そんな情報の申し子たる双子座ですから、インターネット全盛のこの時代にその特性が生かされないなんていうことはありません。ＳＮＳやブログ、人によっては動画配信等を駆使し、仕事・副業に勤しんだり、またその豊かな人的ネットワークの網を広げていっているのではないでしょうか。

また双子座は他の星座たちよりもインターネットと相性が良いことから、ネットビジネスやネットショップ、ネット広告、アフィリエイト等の第一人者やパイオニアのような人が双子座の生まれというのはよくある話です。

西暦二〇〇〇年よりも以前にはなかったような新時代的な仕事をされている人、またはそういった仕組みづくりに関与している人には双子座率が高いように思いますし、これからも「少し先の未来に流行る仕事・主流となっていくもの」の生みの親たちは、双子座の人たちなのかもしれません。

天の神々から「情報の整理官のような立ち位置」を与えられているのが黄道十二星座の三番手、双子座なので、そういった情報ハイウェイを作っていく人生は、ある意味では双子座力を最大限生かした生き方・働き方と言っても過言ではないかもしれません。

双子座のセンス

時代を読む感覚に優れた双子座は、トレンド感や時代感・流行り廃りをしっかりと押さえた人たちなので、**センスのいい星座というものがあるなら、その先頭グループの一角に双子座が入る**ことは間違いありません。

知性の星座であることから、その審美眼・選択眼によって選ばれるものは、機能性や実用性に優れつつもファッショナブルなものであるはず。

また、ツーウェイやスリーウェイ、マルチユースな使い方ができるものはきっと双子座の大好物。機能的で且つリサイクル・リユース率が高いなど、ＳＤＧｓ的なマインドが感じられるものであれば更にパーフェクト。

双子座は時代の先を読む感覚に優れているので、これからの世界の行方や私たちの行く末を見ながら、購買・消費活動に反映していきます。今、二〇二〇年であれば、環境問題に寄り添ったもの、エコフレンドリーさの際立つものを率先して選んでいくでしょうし、また、きっかけさえあれば、自らプロデュースしていくことすらあるでしょう。

双子座は情報と同時に、その情報が集まるプラットフォーム、「基盤とか分電盤」なるキーワードを背負う人たちでもあるので、情報のみならずお金・流通など、世に流れるもの全般（回収・廃棄・リユース等）も気になって仕方がない人たちです。

これから私たちの世界は、環境と共生、共存していくfeel earth的な意識がより高まった次元になっていくと思いますが、それはすなわち双子座の意識の高さが生かされる時でもあります。人々の意識の向上を促す、そういう消費活動へと導くガイドラインを引いていくのは、実は双子座の人なのかもしれません。

双子座の体

双子座は軍神の兄弟をそのエネルギーの基とするせいか、しなやかでありながら程良い肉付きのアスリート体質であることが多いでしょう。

他のアスリート体質の星座である射手座・牡羊座と比べて、速筋が発達しているので瞬発力に優れ、スピードが求められるものや反応速度が勝敗を分けるスポーツ・競技と相性が良いはずです。良い筋肉や腱、関節の動きに恵まれているので、ギリシャ時代の彫刻のような、比較的すっきりとした肉体を持つのが双子座の特徴で、ともするとどこか中性的なオーラ・シルエットを持つ人たちもいそうです。

また双子座の**担当部位は肩、腕、手指、肺・呼吸器系とされていて、そのあたりの部位・箇所をケアすることが双子座の開運ポイント**でもあり、また同時に注意すべき場所でもあります。幼少期に指を火傷《やけど》した、肩を脱臼した、腕をすりむいて傷が今もあるとか、はたまた小児喘息があったとか、今も肺が弱いとか、双子座生まれの人にはそういう向きも多いかもしれません。

双子座は風の星座ということもあり、風に揺られるような植物・食べ物と相性が良く、消化器に負担をかけない軽い食べ物が自らの調子を整えてくれるパワーフードです。

双子座はドライな気質とも言われることもあり、ウェットな状態を苦手とする人が多いので、弱点であるむくみ対策をしっかり行うことが重要となります。

ルッコラ、ミント、キュウリ、トマト、コーヒーなど、利尿作用、利水作用がある野菜・ハーブ・飲み物が双子座にとってのバランス調整食。体の中に余計な水・油を溜めないことが双子座の健康を維持するため、また、若々しさをキープするために重要な要素と言えます。

No-4

蟹座

6/21~7/22生まれ

人は強くもあり、弱くもあるもので、喜怒哀楽があり、その感情も一定ではありません。

人間とはそんな「揺らぎ」を内包する存在です。

心が生み出す揺らぎ。

自然とリズムを共有し、宇宙と同化することで生じる揺らぎこそが人を人たらしめているものだとするならば、「揺らぎ」を司る心、そして、その心を暗示する月を守護星とする蟹座は、最も人間らしい星座だと言えるのではないでしょうか。

そんな心の守護神とも言える蟹座が持つのは、心の扉をひらく魔法の鍵。

心をとざすいかなる壁もバリアをもアンロックすることができるその鍵で、ケアが必要な誰かのハートにダイレクトアクセス！

傷ついた心にふれたり、揺らしたり、優しく包んだりして、大いなる癒しを施す、人間界におけるハートヒーラーのような存在。

それが蟹座の人たちです。

社会は人が作りしものですが、心は神が人々に与えしもの。

その心の番人を任されているということは、蟹座とはもっとも星の神様からの信頼が厚い星座だと言えるのかもしれません。

だから人の世界が荒れないように、今日もどこかで誰かの心を癒して回っていることでしょう。

蟹座の世界観

月と心と蟹座の関係

蟹座は「月」を守護星に持つ星座です。

占星術的には月とは心を示すものなので、蟹座を語る時には心は決して欠くことができない要素だと言えるでしょう。


私たち人間は心がある生き物です。

近年ロボットやＡＩといった研究が盛んで、人間と遜色ないような動きをするロボットもメディア等に多く取り上げられるようになりました。では、機械が人と同様の見た目や性能を持つようになったとして、その二つの存在を明確に分けるものとは一体なんでしょうか。

機械と人間。

その二つを分ける境界線となるもの。それはやはり「心があるかないか」につきるような気がします。

今の技術が進化し、機械にも心を実装できるようになるかどうかはわかりません。

ただ、人は心があるから何かを見た時に涙し、笑い、怒りを感じたり、快不快を得るものです。

そして、心があるからこそ、人は他者に優しくもなれるのではないでしょうか。

そして、その心の揺らぎがプラスに働くと、人を感動させられる芸術作品を生み出したり、心あるビジネス・サービス・NPO等ができるきっかけになることもあるでしょう。

また、心は暴走することもあります。

例えば、過剰な思いや気持ちがあるが故に誰かを傷つけてしまったり、また、心が歪んでしまった反動で誰かを貶《おとし》めたりといった、負の連鎖が生まれたりするかもしれません。

とはいえ、そういった揺らぎの存在こそが人間の特徴であり、命あることとの証明でもあります。

世間には「心ない犯罪」などと評されるような冷酷・無慈悲な事件も時に生じますが、そういった「心がないようになってしまう」状態は、もはや人が人でなくなってしまった状態のことを言うのでしょう。

そして、それはきっと時代と自分の性質が合わなかったり、家族との衝突や生育環境によって生じた歪み・マインドの癖等がもたらす負の副産物的なもので、時代や政治や社会が生み出す負の側面のうちの一つのようにも思われます。

ただ、世界にもし蟹座しかいなかったら、きっとそんなことは起こらないのでは？　と思われます。

なぜなら**蟹座というのは、心の守護神であり心を充填させるエネルギーを持つもの**だからです。

もちろん「世界に蟹座しかいない」なんていうことは起こりえないのですが、蟹座の持つ潤い力、エネルギーは、多くの人の心に活力、元気、そして優しさや慈しみを与えるものです。

色々な数字や経歴やデータや評価といったものが世間一般における評価軸の中心に置かれ、どうしても心が荒《すさ》みがちなこの時代において、おそらく一番必要なものであり、一番求められているもの、それはやはり「蟹座力＝潤いを与える力」ではないでしょうか。

世間から心ない事件が減り、皆が心ウキウキと楽しく快適に過ごせる社会や世界。

そんな「ハートが癒される世界」は、きっと蟹座の人のアクションやヴィジョンを基にこの世に生まれてくるのではないでしょうか。

蟹座の魂に刻まれたもの

蟹座の人たちはきっと「何かを育てる」ことが好きなのかもしれません。

蟹座の魂に紐づけられたものは「愛」。
そしてそれは水のエレメントの星座が持つテーマでもあると思うのです。

水のエレメント一番手の蟹座は、愛をもって何かを成長させ、二番手の蠍座で愛ゆえに傷ついた魂を癒し、また愛ゆえに起こりうる愛憎をも癒していきます。そして、三番手である魚座でそういった人間界での「愛にまつわるドラマの全て」を大いなる宇宙愛で包み込み、最終的には昇華させていくのです。

このように愛の三段活用が起きるのが、水の星座に生まれた人たちが体験することであり、使命のようなものなのですが、蟹座はその一番最初、**「育て上げる」ようなことを体験しにこの地球に舞い降りた魂たち**です。

例えば、教官・コーチ・保育士さんなど新規入社の人に何かを教える役割や、学校の先生として学生を育てるとか、そういうベーシックなもの・基本を教えることに蟹座は非常に長けていますし、面倒見がいい性質もあいまって、実際にそういう仕事をしている人たちも多いはずです。

ただ、それらに共通しているのは、生徒やスタッフ、新人等がある程度のレベルまで育ったり伸びていくと、蟹座の人の手からは離れていくということ。

独立希望の料理人がお店に一旦入っても、そのままそのお店の料理人をし続けるということはなく、いつかは店を離れていくのは、成長のプロセスにおいて至極当然のことです。また、大学受験でお世話になった予備校の先生に、大学に入学してから・大学を卒業した後も教えを請う人はいないように、「育て上げること」をメインエネルギーに持つ蟹座は、スペースシャトルを打ち上げたらどこかで切り離されるブースターのような存在と言えます。

それは少し悲しいイメージもありますが、親離れ・子離れという言葉もあるように、その後の成長・成功を願うなら、どこかで切り離したほうがいい関係というものは必ずあるものです。

野生の世界でも、餌の取り方を覚えた野生動物がその後も親と同じコミュニティで過ごす例はあまり見られず、また、人間にも反抗期というものがあり、親から離れていこうとする動きがその生態にすでに仕組まれているように、「巣立ちの時」が来るまで徹底的に磨き上げる・研ぎ上げていくことが蟹座の使命であり生きがいとも言えるものかもしれません。ただ、「だからこそ！」というわけではないですが、蟹座の人は「原石を見つける目と育成方法」に素晴らしいものを授かっています。

この人・作品・場所は今後伸びそうだ、今後成功・成長するはずだ！　というものを見つけることには優れたものを持ち、そして蟹座の素晴らしいところはそれをきっちりと育て上げていける能力があるということです。

発掘と育成がセットになっていることから、アイドル・芸能人・タレントの「発掘・スカウト、育成、マネジメント・プロデュース」まで担当できてしまったり、人事から現場での教育や研修等全てをワンストップで行えたり、また、ブランドを育てていくことができたりするのも、蟹座が「水」の星座で、土壌を潤す「水やりと育成のプロフェッショナル」だからでしょうか。

感動体験を積み上げていく

蟹座は、感性・感情・気持ちといった「心の豊かさ・潤い」を活動のメインエンジンとする星座です。

そんな感性星人の蟹座を豊かにさせるには、心の器にどれだけの感動エネルギーを取り込めるかにかかっていると言っても過言ではないでしょう。

感情・感動エネルギーを蓄えていく、または、その器を鍛え大きくしていく方法は、ひとえに感動体験を積んでいくことです。

心に迫る名著を読んだり、名作に触れること。美術品に触れる機会を持ったり、本物と触れる場を持つほどにその心の器は広がっていくでしょう。

美術品や一級品の持つ世界観。

そういうものが蟹座を多いにインスパイアし、その豊かな鑑賞経験の積み重ねは最終的に蟹座を陶芸・アート・お花・料理・創作といったクリエイティブクラスの仕事へと導き、また、自分独自の世界観を作り上げていくための下地となるものでもあります。

また、対角線上に座する山羊座的なものを取り入れること、例えば、伝統芸能・クラシックな楽器を習ったり、その道の高名な先生についてみることも、能力のビルドアップに繋がり、開運の鍵となります。

蟹座は家を暗示する星座でもあるので、料理・編み物・ＤＩＹといったものにはまりやすかったり、また薬膳・○○マイスター・○○ソムリエ・料理・お茶・お花などのお教室や趣味は自分の心の充足にもなりますし、また家族・友人・知人等、周りのためにもなりやすいアクティビティだと思います。

蟹座は面倒見の良い星座ナンバーワンなので、兄弟姉妹・従兄弟といった人たちのお世話・お手伝いはもちろん、部活や会社組織等でも、下の人たちのお世話係・教育係として最高のガイド・ナビゲーターとして活躍できるでしょう。

また、小さいうちから、できるだけお手伝いや地域社会との関わりを通して人との適切な距離感のつかみ方や関係性の作り方を学んでいくと、「蟹座らしく内に籠《こも》るところ」と「外に向けた対外的な自分」のバランスが取りやすくなり、公私にわたって良きバランスがもたらされるはずです。

いずれにしても蟹座の人は、**属性・出身・学歴・住まい等にとらわれない、広い付き合いを持つことで、人生観・世界観が拡張していきます。**趣味を通した交流や異業種とのやり取り、そしてそこから派生する関係・繋がりを持つことが人生をもっと彩り豊かなものにするための鍵となるでしょう。

蟹座が人生で目指すもの

蟹座は「I feel（我、感じるものなり）」といった銘を持つ星座です。

蟹座は月の使者でもあり心の調整官・心の番人でもあるので、非常に繊細、デリケートな人たちです。そして、その敏感な心を守るために「殻・甲羅」を持ち、自分の内的世界に比重を置いたり、仲間や家族を最優先にする性質があります。

蟹座のカニとはもちろん黄道十二星座のうちのシンボルでしかないのですが、現実世界のカニと蟹座の人たちのその生態には、色々とリンクするところがあり、蟹座の人はその生態も「カニっぽい」というメタファーが成立してしまうようなところがあるようも思います。

上述の例で言うと、蟹座の人とは現実世界でも「甲羅」を持つ人だと言えます。

もちろん実際に「甲羅を背負っている」わけではないのですが、甲羅のような硬いバリアを持ち、自分の内側と外側をはっきりと分けているような印象を受けます。

人間誰しもが、それぞれの生活の中でプライベートな時間と仕事やパブリックな時間を分けているとは思いますが、その「分け方」が他の星座たちよりも明らかに明確なのが、蟹座の人たちです。

内側のもの・こと・人には徹底的に目をかけ、大事にし、愛情を注ぎますが、甲羅の外のこと、つまり外界のことは意外とどうでもいいというか、なんなら全く情報も集めないという人がほとんどではないでしょうか。しかもそれは悪気があってやっている（やらない？）わけではなく、ただ純粋に「興味がない」というだけなのです。

人の人生には限りがあり、当然そのキャパシティも限られています。

一日は二十四時間ですし、その中でも自分が使える時間となるとさらに絞られます。

その限られた時間・空間・場所の中に入れる人・ご縁は誰しも「入場制限」がかかるはずなのですが、自分の上限をよく知り（といっても無意識に行っているはずですが）、そのリミットを超えた付き合いや世話焼きをすることが決してないのが、蟹座の人たちです。

自分ができることをする、自分がやるべきことに一生懸命向き合う、そしてその仲間・同志・

繋がりやご縁に感謝し、愛でていく。そうやって出来上がっていく自分だけのコミュニティ。

そして、そのコミュニティ自体はリアルでもバーチャルでも組織でも仲間同士の繋がりでも家族でも対象はきっとなんでもいいのですが、「手塩にかけて何かを作り上げていく」というプロセス自体がきっと蟹座の魂の目的であり、また、その作り上げていく行為自体に癒されていたりするのではないでしょうか。

「社会的にそれが意味がある」とか「役に立つ」とか、そういう意味づけ的なことはきっと二の次で、自分たちが心休まる場所を作ることや、自分と誰かとの心の交流がそこにあること。

荒波押し寄せる世知辛い現代社会では、心の交流とか温かいお付き合い等は軽視されたりすることもありますが、多くの人が内心求めているのは、きっとそういう「温かみ」なのではないでしょうか。

人が人である理由、ロボットやＡＩと別である理由は「心があること」。

ただ、タスクをこなすだけであれば機械で事足りるのです。

蟹座の人が目指すこととはきっと、いつの時代も「心が大切である」ということを社会に思い出させることや、人々が「真心で生きる」ことができるような仕組みや思想やシステムをつくることにかかわることなのではないでしょうか。

「安らげる場所・繋がり」を持つことが、人が人たる心を忘れないために必要なこと。それを遺伝子・魂レベル的に知っていて、無意識にそれを行おうとする人たち、それが蟹座の人たちなのです。

人がその外界で荒んだ心を癒す、心のピット・保養所のようなものを作ること。それが蟹座の人が今生で目指していくものなのかもしれません。

蟹座の性質

蟹座の基本性格

蟹座は水のエレメントに属し、同じ水のエレメントの蠍座、魚座の人と同様、感情豊かで愛情深き人たちです。ただ、愛の出方はそれぞれで、蠍座は「毒を食らわば皿まで」といった、最後まで面倒をみる粘りが強い人たちで、水の星座の三番手の魚座は全てを包み込むユニバーサルなＬＯＶＥといった感じの宇宙的な視点を持つ方たちです。

そういった表現で言うと、**蟹座の愛とはコミュニティ愛である**と言えるような気がしています。

人々が生きるこの社会とは、「国、都道府県、会社、自治体」といったたくさんの繋がりの連鎖でできています。

そしてその最小単位は家族と言われるものですが、その中でも蟹座の担当範囲であり最も「蟹座力」が出るものが、家族を中核とした地域のコミュニティや、仲間意識の強い会社やプロジェクトチームなど、人間的なお付き合いができる、「血の通った繋がりでできた世界」でしょう。

蟹座力＝コミュニティマネジメント力・育成力。

それらの力の発揮場所を自然と求めていくことが、蟹座の人の基本マインドにはインストールされていますが、コミュニティの枠組みが出来上がると、今度は親が子供の世話をせっせとするように手厚くケアをして育て上げ、管理し、鉄壁の守護神としてチームやコミュニティ、みんなの居場所を守っていく人となっていきます。

親分肌、姉御肌の方が多いと言われるのが蟹座ですが、それはきっとそういう「目をかける存在がいて初めて蟹座力というのは生かされるから」なのかもしれません。

そのことから、世話焼き・マネジメント・二人三脚のようなことに力を発揮する方たちなので、そういう役を任されるとどこまでも頑張れますが、力をかける対象がないとあまり頑張れなかったりするかもしれません。また対象者からの信頼や信用が得られないと頑張れないのが蟹座なので、ロジックよりも愛情や気持ちの繋がり・信頼や信用を重要視します。言葉にはせずとも、そういった繋がりを無意識に最優先させている蟹座の人はきっと多いかもしれません。

また、とにかく仲間ファーストで場・空間・組織を作り上げていく人たちなので、仲間を裏切るようなことは絶対にできません。

ただし、こちらからの信頼が裏切られていないことが大前提ではありますが。

蟹座の才能

蟹座は占星術で使う天体の中で、唯一、満ち欠けを持つ天体・月を守護星とする人たちです。

揺らぎのある「月」を守護星に持つということは、蟹座の力の本質とは揺れるエネルギーであるとも言えます。

では「揺れる・揺さぶるエネルギー」とは、一体なんでしょうか。

例えば、大泣きする乳飲児を抱きかかえて一緒に揺れてみると不思議とおさまったり、電車やバスに揺られているとそのビート、リズム感に気づいたらうとうとしていたり、はたまた地震等の揺れに対して揺れやすい作りにすることで地震エネルギーを逃し「倒れないようにする」システムであったりと、揺れるエネルギーを持つということは、喜怒哀楽・泣き笑い・衝撃・痛み等々を揺らぎでいなしたり、吸収する力を持つということだとも言えるでしょう。

また、**その場その場の状況に「アメーバのように己を満ち欠けさせることによって」対応したり、ともに揺らぐことで共鳴・共振し、怒りや悲しみや色々なものを0にしてしまう力。**

蟹座の持つ揺らぎとは、きっとそういう調和力・0にしてしまう力のことを言い、月とはまさにその足し引きの力のメタファーなのです。

そして、その逆もまた然り。

蟹座の聖なる揺らぎの波動は、人の心を揺らすこともできます。例えば、歌、演技、文章、写真、映像……これらは鑑賞者の心を揺らし、なんらかの「揺らぎ」を起こすものです。

蟹座の人とは、月の使者。見る人の心にダイレクトに響く、不思議なエネルギーを込めることができるのです。

その文章・作品等が世紀の一大傑作ではなかったとしても、その作品を見た視聴者、そのバイブレーションを受けた心は、共振、共鳴し、涙を流したり、大笑いしたり、ほっこりしたりして、心のささくれ、心の傷や痺れが緩んでいくこともあるでしょう。

そうして考えると、蟹座の武器とはやっぱり「鍵」なのかもしれません。そのキーは特別仕様で、色々な人の心に自由に出入りできる魔法の鍵。

その鍵は蟹座だけが持つことを許されたマジックアイテムなのですが、それはきっと蟹座が「心の取り扱い方法を一番知っている」星座だから。

人が人の道を見失う時、蟹座の人はその鍵を使い、こっそりと心の躙口《にじりぐち》からアクセスして、枯れた心に灯を灯してまわったり、時に心の襞《ひだ》に寄りそったりもできます。

時には心を激しく揺さぶったりもしつつ、心に潤いや元気を分けていったりもする。

心の番人、蟹座はそういった陰働きをする星座であり、また、作品やメディア、仕事等を通して、人の心の安定を司るお役目を果たしていく人たちなのではないでしょうか。

蟹座の愛

蟹座は「心」さえ安定していれば、大きく乱れることはありません。

基本的にはどっしりと落ち着いている「旦那さん・女将さんタイプ」の方たちが、蟹座の人たちです。

獅子座に対してするような「盛大なイベント・パーティ」をしなくても、日々のあれこれに対し、謝意・お礼を伝えるだけで、蟹座の心ゲージは満たされていくはず。

神経質な他の幾つかの星座たちのように、腫れ物を触るような扱いをする必要もなく、蟹座というのは穏やかに日々を過ごせる心身のバランスのとれた情緒豊かな人たちです。

蟹座＝家と言われることもあるほど「蟹座と家」のリンケージは深く濃いものがあるので、一家の守護神的なポジションを任せたならば、蟹座の右に出る者はいません。

彼らにそのハンドリングを任せれば、家を絶対に揺るがない神殿・愛の巣にしてくれるでしょう。

蟹座にとっては「身内・家族との心の交流やふれあい」とはエネルギー源に他ならず、他のどんなサプリよりも栄養ドリンクよりも効果の高いものです。

生きる源は快適なお家と家族がもたらす、と言っても過言ではありません。

そんな蟹座ですから、「生活するスキル」はハイレベルなものを備えています。

食器類の選定・家の内外装・食事（お店選び・調理・食材の選定等）に至るまで、こだわりを持つ蟹座もきっと多いはずです。男女問わずそういった傾向は強いので、そういう家庭生活におけるセンス・感覚といった意味では最高の伴侶になれる星座ではないでしょうか。

パートナーが外で何をしているのか知らないけど、彼・彼女の好きな食べ物だとか、義理の家族の誕生日等イベントごとは完璧に把握しているみたいな人がいますが、蟹座の世界観はまさにそういうものだったりします。

自分が大事にしているものは、隅々まで把握して徹底管理する。

蟹に甲羅があり、中は柔らかく外は硬いといったように、「大事なものはしっかりと守り、それ以外はスルーする（関与せずとも大丈夫である）傾向」があるような気がします。

蟹座は本来は実にシンプルです。大事な世界観さえ壊されなければ、他のことは結構どうでもいい……のかもしれません。

また、蟹座は男女問わず、ガーディアンになること、そしてその義務を果たすことに命をかける傾向があります。

蟹座の男性は「自分が家庭を守っている」という自負がありますし、また、「家族のために」みたいなことがモチベーションになります。女性は言うに及ばず、蟹座＝母性なんて言われることもあるので、一度結婚するとよほどのことがない限りは離婚や離別はないでしょう。

蟹座の愛とは「守る」こと。

結婚とは相手を守り、子供を育み、生活を守ること、その連続の日々です。蟹座は初期設定から「守り力」が高めということも相まって、母性の星座ということも追い風となり、結婚には非常に向いている星座だと言えるでしょう。

また、一回深い信頼関係が結ばれると、友人関係でもよほどのことがない限りは、関係が切れるとか、裏切ることはないはず。

蟹座とはどの星座の人たちからしても、安心して背中を預けられる心の友とも言える人たちだと思います。

蟹座の成功

蟹座は「家・家族・仲間」を表すとされている星座です。

その事柄が大前提としてあるからか、蟹座の人はどこかで完全にビジネスライクなことが苦手で、仕事や公のことであったとしても、つい心のふれあいや少し距離が近めの交流を求める傾向が強い人たちだと言えるでしょう。

そんな蟹座が人生で目指すもの、人生をかけて文字通り構築していきたいもの。

それはきっと、心や思いを共にすることのできる人たちとの交流が持てる場を作ることではないでしょうか。

蟹座の人たちは**数字や組織のルールだけで成り立つことには興味関心はなく、「血の通った関係」を作り上げていくことを大事にしている人たち**。そのため、どうしても情と言われるものを抜きにした、ロジカル１００％では、案件・事に向き合うことができません。

いくら表面的に体裁を取り繕ったとしても「心ここに在らず」「カニに蟹味噌あらず」といった感じで、心と思いと体が一致しないことにはフルパワーが出せないのが蟹座の人の特徴です。

乗り気じゃないことに向き合ったり、やらされた日には、まるで木偶《でく》の坊《ぼう》のような妙にギクシャクした動き方になってしまう可能性もあります。

蟹座はおもてなし上手な人たちでもあります。

ホームパーティを開くとか、誰かをお家に招くなんて仰々しいものじゃなくても、学校や会社の帰りにちょっと人の家に寄るとか、「家でご飯でも食べよう」なんて誘って気軽にあるものでご飯を作ったりして食卓を囲んだりすることが多いのも、蟹座にありがちなルーティーンかもしれません。

家庭・家族・家に強いご縁と運を持つ人たちなので、仲間と過ごす時間や家族ぐるみのお付き合いとか仲間内でのパーティ等も大好き。インテリア・内装・料理・食器・デコレーションといった場所・空間の隅々まで蟹座イズムがちりばめられ、自然とみんなが落ち着き穏やかな気分になるような、温かみを感じる空間を作り上げることが大得意です。

また、空間や癒し・団欒《だんらん》に強いこだわりを持つ星座であり、アンテナがそこに向かって立っているため、ホテルや旅館やリトリート等を愛し、「旅をする時の目的は宿」という蟹座の人は意外と多いはず。

心地よい空間を体験して、自分の大好きなテイストを練り上げ、自分のスタイルを作り上げていき、最終的には世界観を完成させること。

そしてその蟹座ワールドとも言える世界の中に、大好きな人たちを招待して、料理と美酒と芸術でもてなすこと、それこそが実は蟹座の人が人生を通して実現させたい夢の一つなのかもしれません。

蟹座のセンス

蟹座は「I feel」なんていうキーワードを持つぐらいですから、「心地よいものマスター」なところがあります。

また、**ホーム・スイート・ホームと言ってもいいほどにお家や家族、空間が好き**なので、家の立地や作りそのものはもちろん、照明、キャンドル、食器類、カトラリー、リネン類など身の回りのもの、毎日使うものに関しては特にこだわりを持つ人たちです。

そして、普段からインテリアショップや家電店、素敵なカフェ、レストラン等に対するアンテナを立てているので、センスのいいお店、心地よいサービスのレストランや打ち合わせ等に最適なカフェ等は、まさに蟹座のテリトリー。尋ねられたならポンポンと、すぐに幾つか即答できるはず。

またロジカルなところよりも「感覚的なところ」を最優先する傾向があるので、評価サイト等でいくらいい点数がついていても、あくまで評価は自分がどう感じるか次第。

いついかなる時も自分の感覚や自分の心地よさが勝るので、他者の評価は案外どうでもいいのかもしれません。

ただ唯一の例外は、「仲間や家族からの推薦」。舌が肥えたグルメ仲間やセンスがいい友達からの推薦・お墨付きがあるならば、なんならいきなりヘビーリピーターになったり、鉄板化する可能性もあります。

また、牡牛座ほどではないですが「はまる傾向」が強めなので、食事も着るものも行くところも毎回同じとかリピートを繰り返しても苦にならず、なんなら同じブランドの同じ型を色違いで数枚持っていたりするのも、蟹座のクローゼットあるある！　かもしれません。

ちなみに蟹座で奇抜な服装をする人はほとんどいないのではないかと言えるほどに、装いに関しては、常識的且つ、どちらかと言えばコンサバティブで本物志向と言えます。

人には好みというものがあり、パートナーにはこういう格好を望むとかこういう服装をしてほしいとかそういう理想といったものがある人もいますが、蟹座の人の服装が嫌い・苦手という人はそうそういないのではないでしょうか。

万人から好かれる、決して嫌われることのないオールラウンドな着こなしと装いができるのは、蟹座の人の感覚が、常識的であり、装いのマナーをしっかり弁《わきま》えている人たちだからなのでしょう。

また、悪目立ちすることを苦手とするので、色使いの良さやスタイル等で二度見されることはあっても「奇抜すぎる服装でジロジロ見られる」などということは決してない星座です。

蟹座の体

蟹座の担当部位は胃とか消化器系、胸部だと伝統的には言われていますが、基本的には**蟹座の健康は「心と連動している」**と強く感じます。

もちろん全ての人たちが心ある人間であり、病は気からなんて言われるように、全ては気の持ちようとも言えますし、心理的なものが体調に影響を与えることは当然のことです。

ただ、その出方が非常に極端な傾向があるのが蟹座の人の面白いところでもあり、心を司る月の使者の蟹座らしいところでもあります。

蟹座の人の心がのっている時はスーパーパワーも出せてしまいますが、心が枯れ気味の時、心が疲れている時は途端にやる気が完全消失。ひどい時には自律神経系の疾患・症状が出るなんていうことも。

また蟹座の人で骨格等や筋肉に症状が出る人は稀ですが、「胸部や腹部の症状」に悩まされる人はしばしば見られます。これも全て「言葉ややり取り等」を飲み込めなかったりとか、心の交流においてなんらかの「未消化のことがある」のが原因かもしれません。

蟹座の健康において「体の中を流れるエネルギーに詰まりがないこと」は非常に重要で、特に心から出てくるものに嘘偽りがないこと、清廉であることが蟹座に真の健康をもたらすはずです。

食べ物に関してはスープや味噌汁、シチュー等の滋養分が凝縮されたものが好相性です。

また、魚介類もよく、小魚のようなホールフード（全体を食べることでバランスのとれた栄養摂取が可能なもの）等、少量でたくさんのビタミン、ミネラルが取れるものが良いでしょう。

胃の調子を崩しがちなので量は必要としませんが、質とか産地にはこだわりたいところ。

また、家族のお手製のご飯や作った人の顔が見えるものや誰が作ったかわかる食材をいただくことは、蟹座にとっては何よりのパワーとなるはずです。

No-5

獅子座

7／23～8／22生まれ

獅子座は生まれながらの王族。

ただ、生まれは王でも一旦王国の外に出れば、そこは王族特権が通用しない世界です。

自力で何かを成さなければ、誰もあなたのことを王様だとは認めてはくれません。

自分のプライドがへし折られるようなことを体験し、失敗を重ねても、不屈の精神と根性で苦境を乗り越えていき、いつしか大成し、自らが主となる自分色に染まった王国を築き上げていく。

そしてその意思に賛同してくれる民を、今までの経験に裏打ちされた英知や力で守り、国や民、己自身を育てていく。

そんな宿命を持つのが獅子座のあなた。


小王が王となり、最後には偉大な王に成長していく感動のストーリー。

獅子座に生まれた人とは、そんな壮大な体験をするためにこの世に降りてきた勇者たち。


建国の苦労は伴うかもしれません。時に裏切りにあったり、シビアなジャッジをしなくてはならない時もあるかもしれません。

映画のワンシーンのような人生を送りがちな獅子座ですが、その人生の真ん中にあるのは〝王座への道〟です。

そこから外れ、高貴な意思を放棄しない限り、獅子座の人生は栄光と誉《ほま》れ多きものになっていくに違いありません。

獅子座の世界観

動物のライオンとの関係性

神々から指令を受けたヘラクレスによって退治された、ネメアの森の人食いライオン。

それが黄道十二星座の大本になっている神話の世界における、獅子座のシンボルです。

ギリシャ神話等をたどるとそこには多くのロマンがあり、神々の人間臭さや色々な戦い、諍《いさか》い、憂い、優しさ、感動の物語がちりばめられているのですが、獅子座の獅子のモデルはどうやら人食いライオンということで、凶暴さが目立ち、人間界の獅子座の人たちとの親和性やリンクはあまりなさそうにも思えます。

なぜなら獅子座の人たちというのは、どちらかというと**「王様」的な品格や威厳に満ちた人たちであり、ナチュラルボーン・リーダー（生まれながらにリーダーの気質を持つ人たち）**だからです。

そうして考えると、神話の中の獅子よりもサバンナに生きるライオンのほうが、獅子座の人の生態に気質・メンタリティにおいて似通っているものも多く、そちらのほうにより親近感・親和性を感じるのも自然だと言えるでしょう。

ライオンの生態で非常にユニークなのは、彼らは他のネコ科の動物には見られない「社会性」を持っているということです。ライオン（特にオスライオン）は王様と称されることが多いですが、その理由は彼らは王国（プライドと呼ばれる）とも言えるコミュティを作る習性があるから。

そしてその一団のトップとなり、外敵から集団（国）を守るのが、立派なたてがみを持つオスの個体です。野生のライオンの寿命は十年前後らしいのですが、最も傷つき早逝することが多いのは、群を率いる首長の個体なんだとか。それは外敵との戦いによって傷ついたり、致命傷を食らったりすることが原因だとも言われています。

各国の王族や国の紋章やシンボルに獅子が描かれることが多いのは、文字通り身を盾にして集団を守る勇敢なオスライオンの姿に、同じような役割を重ねているからかもしれません。

獅子座の魂に刻まれたもの

獅子座は黄道十二星座の五番目、獅子宮を守護する星座で、創造、エンターテインメント、趣味、娯楽を担当すると言われています。

獅子座の人は、感性・感覚が豊かで少年・少女のようなマインドを持ち、ロマンティストで心の優しい人が多く、芸術作品を愛でて、また自らも積極的に創作活動や自己表現の世界に関わろうとする傾向があります。

また、貴族・王族にはノブレスオブリージュなる言葉とその概念が浸透しているように（フランスの格言：「貴族たるもの、身分にふさわしい振る舞いをしなければならぬ」の意）、生まれや身分等の貴賤にかかわらず王族たる宿命・使命を常に果たそうとするのが、十二星座の王・獅子座の在り方です。

それとは別に、上に立つ者として、弱音を吐いてはいけない、貧相になってはいけない、民を守らなければならない、リーダシップを取らなければならない、といったような鉄の掟を持つのが獅子座の人たちですから、**「自分たちのプライドや意地」にかけて、弱音は吐かず、かっこ悪いところを見せるなんて皆無。**

どれだけ痛くても苦しくても、苦悶の表情は決して見せない。

それが獅子座の人たちの生き方であり、王族としての意地なのでしょう。

とはいえ、そういった過剰な負荷や責務を常に背負ってしまいがちな気質は、人知れず自分を追い詰め、体調にまで異変をきたす可能性をはらんでいます。

家族や周囲からの期待を常に敏感に感じ取り、デキる人でなければならない、しっかりしなくてはならないという縛りやプレッシャーは、幼少期から獅子座の人には常に付いて回るもので、良くも悪くも人生になんらかのさざ波を立てる、その原因となるやもしれません。

もっと強くあろう！　と大きな発奮材料としてそれらを使えるならば特に問題はないのですが、もし周りの期待に応えられず、一人その重い責務やプレッシャーに押しつぶされるモードに陥ると、どんどん「どうせ誰も私の苦しみは理解してくれないんだ」状態になり、悲しみの暴君へと豹変していく可能性もあります。

ただ、どのようになっても王族は王族。いついかなる時も天からは見捨てられず、優秀な従者や相談役のような人が現れて、いつでも本来のレールに戻れるように、あの手この手で軌道修正がかかることでしょう。そしてまた本来の座に戻り、自己表現を極め、また、国の執政と勢力の拡大に努めていくこととなるのです。

完璧という幻想

獅子座は王様の星座というぐらいですから、誇り高く、何より誉れを重要視します。

おそらくそのプライドの高さは十二星座の中でもトップスリーに入ろうかというもので、それ自体は全く悪いものではないのですが、ある副作用は獅子座の人にとっては致命傷となりかねないので、それをここでお伝えしたいと思います。

それは、「完璧を目指したり、なんでもできる自分であろうとすること」です。

プライドが高く、上からものを申されるのを嫌がる獅子座はついなんでも張り合いたがったり、敵対視・ライバル視したりと、負けず嫌いなところが出すぎるきらいがあります。

王様なのですからそれも当然なのですが、よくよく考えると王様は王宮の中で誰よりも料理がうまく、誰よりも植栽の剪定が上手で、誰よりも床掃除のプロでしょうか？　答えは否でしょう。

王様は優れた美意識やマネジメント能力を持ち、全体を見渡して、組織や国を率いていくのがその役割の主たるもの。つまり、「うむ、くるしゅうない」「大儀であった」の一言で周りを安心させるマジックボイスを持ちえる稀有な存在、それが獅子座のあなたなのです。

皆は「獅子座のあなたに褒められたがっていて・認められたがっている」のです。

そうすると、獅子座が周囲との調和のために気をつけるべきことはただ一つ。**「皆があなたから褒められるための使役・役割・仕事」を奪ったり、取ってしまわないこと。**

人には適材適所というものがあり、皆それぞれの持ち場を持っているのです。

いくらあなたがプライドが高いからといって、そしてなんでもできてしまうからといって、褒めてもらいたいからといって、自己顕示欲が強いからといって、承認欲求がエベレスト級だとしても、そこはぐっと我慢して「褒める・認める」ことに徹しましょう。そうすることで皆が持ち上げてくれる輿に乗り、あなたは世界最高の山の頂に行くことすら叶うはずなのです。

帝王学を修める

またか！　と思われるかもしれませんが、獅子座は王様の星座です。

そのため、獅子座にとって最上の教育メソッドは、王侯貴族や諸侯が子供たちを育てる際に用いたような帝王教育であると言えます。また、この教育法・養育法は、獅子座の子供の育て方のみならず、人生のいついかなる時でも獅子座の人にとっての基本であり、指針となるマインドを育む方法であり、必修のアティテュードであると言えるでしょう。

帝王学や帝王教育と名のつくものは世の中にたくさんあり、それらの細かい思想・メソッドにはここでは触れませんが、基本的なところで言うと、まず大きく二つのことを人生で修める必要があります。

そのうちの一つは「獅子は千尋《せんじん》の谷に我が子を突き落とす」と言うように、**できれば成人するまでになんらかの強烈な試練を体験する**ことです。

谷に落とされて這い上がってきたものだけを親獅子は我が子として認め、獅子としてサバンナの王たる生き方ができるように鍛えていくのですが、まず、そのファーストステップとして、自力で谷の底から上がってくるに等しい、サバイバル力・忍耐力・知恵を試されるハードな試練を乗り越えていくことが必要です。

獅子座が人生を生きる上で忘れてはならないのは「王たるものは甘えが許されないポジションである」ということ。**周りに側近がいても従者がなんでもしてくれても、指令を出すのは自分。**相談者がいたとしてもそれはあくまで相談役であり、自分の代わりに決定を下してくれるというわけではありません。それら王の周りにいる王をサポートする面々に対してだけでなく、国中に令や声明を出す立場の王様が自信なき不安定な状態でいたのでは示しがつきませんし、国も安定しないでしょう。

そういった体たらくにならないためにも、絶対的な安定感と力を持つためにも、幼少期、青年期に徹底的に自らを鍛えて、鋼のようなマインドと知恵、そして豊かな感性を育んでおくことが大事です。

二つ目は、外聞を広め、世界というものを知ることです。

欧州の王族・貴族が、グランドツーリングといって、後継者にお金と従者を持たせ長い旅をさせたように、どこかのタイミングで中長期的な旅・留学・駐在等を経験し、見聞を広める行動に出るのも良いでしょう。自分がこれから向き合う世界がどういうところなのか、敵やライバルはどういう人・国・民族なのか等、王として国をまとめる役割を全うするためにも、衆生よりも広く物事を捉える視野や世界観をなるだけ早く構築する必要があります。

グルメの世界でも絵画や芸術等でもそうだと思いますが、本物に触れた経験がないと、つまり「ピンからキリまで」などと言いますが、ピンもキリも両方を知らないと世界や何かをはかる物差しを持たないこととなります。獅子座は王様であるため、その両方を知っておく必要があるので、お忍びで王宮から出たりしてでも、広く世俗を知り、極上も底辺も、両極を知っておくべきだと思います。

5スターホテルもドミトリーの宿も、また、ファーストクラスもローコストキャリアも鈍行列車の旅も全てを体験する必要があるため、獅子座の人の育成にはお金がかかります。

前述の通り、旅や特別な学習・留学や、トップクラスの人たちの交流もあるので、衣装代・接待交際費・新聞図書代と挙げていくとキリがありませんが、獅子座は財務省泣かせな星座でもあるのです。

ただし、その見返りは非常に大きいもので、「王様」として一度玉座に就くとその命が尽きるまで光り輝くことになります。

全ての「帝王教育」を経て戴冠した獅子王は、彼・彼女を慕う臣民をまとめ、率いる善政を行っていくはずです。

世界を広く見て、自らの力を存分に発揮できるようになると、王国内にはたくさんの色や個性、芸術の光が溢れるようになります。

類は友を呼ぶとも言われるように、同質のものは集まっていく習性・法則があります。

金色に輝く獅子王が現れるところには、きっと、栄華極まりし、豊かな国もまた必然的に生じるもの。

「会社というものはトップの器以上にはならないものだ」とも言われたりもしますが、あなたがそのような豊かな国を作れるかどうかは、特に人生の前・中盤に、己の器を広げる努力をしてきたかどうか次第。

王様から大王になるために、見識を広げ、世界を知り、本物を見てきたか。そして、自己研鑽を重ねてきたかどうかにかかっていると言えるでしょう。

王様という駒であることを理解する

十二星座の中で最もノーブルな気位を持つ獅子座ですが、多くの映画やドラマ、漫画等でも描写されるように、王族には「王族の務め」というものがつきものです。

また、その責務を果たすには「高貴な生まれだけ」ではなくて、高貴な生き方を伴うことが重要です。

民のことを理解し、政を粛々と行い、物質・精神ともにクリーンであることや、屈折した性格や思想的な歪みを持たないことがそれに当たるかと思いますが、獅子座の人は人生を通じて「上に立つもののたしなみ・振る舞い」といったものを学び続ける必要があります。

それはひとえに「良き君主」になるため。

ただ、時代や家庭環境、本人の性格等によってはその教え・訓練がなされない場合があり、そうすると生まれは「王族」なのに中身が伴わなかったり、実力がないのにプライドだけが高い人のようになり、暴君のようになっていくか、周りにいる力のある人たちの言葉を盲信したり、はたまた世間知らずの裸の王様のようになっていく恐れがあります。

獅子座の人生の落とし穴は、まさにここにあります。

温室育ちや箱入り娘的な境遇に生まれたとしても、そこにあぐらをかかず、外に出てリアルな経験を積み上げて、借り物ではない自信や実力を身につけられるかどうか。

また、王たる品格や民を等しく愛する博愛精神を養えるかどうか、そういった下積みや教養があるかどうかで、獅子座の王国が永続するかどうか、また繁栄の規模といったものがはっきりと分かれていきます。

その延長で、民や群衆、現在で言うと部下や同僚、仲間や後輩たちのことを思うがゆえの行動やリーダーシップを発揮していくと、おのずと皆が御輿に担ぎ上げてくれるはずなので、獅子座の成功や人生の繁栄はある意味わかりやすくもあります。自らの正義や突拍子もないことばかりを貫き通すのでは「周囲や仲間、人々の理解」が得られない可能性がありますし、また自らの品格を落とすことにもなりかねませんので、注意を払う必要があります。

One for all. All for one をモットーとし、周囲を敬い、また自らも支持されるようなリーダーであるように努めると、その栄華が崩れるなどということは終生起こりえないでしょう。

獅子座が人生で目指すもの

獅子座の人は自分の世界観を持ち、いつでもどこでも楽しみや面白みを見出すことのできる、遊びの達人です。

そんな豊かで楽しみに満ち溢れた獅子王の国も、時には侵略者や無法者たちに侵されたり、害されることもあるでしょう。そして、そういったピンチを乗り越える度に「もう騙されないぞ・もう負けないぞ」と民と己の心に誓い、己と民を守る術を学び、自国を更に強いものにすることに繋がっていくのです。

ピュアな獅子座は、そうして人間界のルールや生き方を実地で学び、時に防壁を築いたりしながら王国の領土を広げていきますが、ここでいう獅子座の王国というのは、自分が好きなものや大好きなものがちりばめられた空間・世界のことです。テリトリーや勢力圏が広がっていくことや、そしてなにより、己の世界観や王国の雰囲気・空気感が賞賛を受けることに特段の喜びや満足を覚えるのです。

アーティストとして文学・音楽・絵が世に出ていくとか、デザイナーで自分が生み出したものが世界中で使われるとか、はたまた自分がプロデュースしたものが大ヒットするとかがその一例だと思いますが、獅子座の人は自分の生み出したものが「自分だけのもの」ではなく、世界を勇気付けるエールとなるとか、その作品を見た人が癒され、感動の涙を流すとか、広い世界の誰かのためになることに、至上の喜びを覚える生粋の表現者たちです。

また、そういった「世界観」を構築するためなら、どんな苦労でも、険しい道でも乗り越えていける、強い意志力を持つ人でもあります。

実際、獅子座のキーワードは、「I create（我は意図する）」と言われていますが、獅子座のいう成功・人生における喜びとは、誰かの作り上げたものの中で活躍することではなく、自らの想像力や遊び心、楽しみを見出す力を使い世を渡り歩くこと、また、それが広く世に受け止められることです。

クリエーションを通して自分を打ち出し、世の中に感動、愛、喜び、笑みをもたらしていく。

それこそが獅子座の生き方の王道なのではないかと思います。

獅子座の性質

獅子座の基本性格

獅子座の人は、基本的には楽観的で明るい人が多いように思います。

太陽をその背に負う生まれゆえに暗くなることなどできないのでは？　と思うほどに、陽の気に満ち溢れているのが獅子座の人たちなので、彼らの毎日や生活は、きっと楽しさや快楽や面白いもので溢れたとても豊かなもののはずです。

カラフルな食器、趣味の習い事で作った工芸品や書、旅先で買ってきた絵や陶器、綺麗なオブジェやアート作品等が随所にちりばめられ、多色ミックスの世界となっているのが獅子の王宮の姿です。

獅子座の人はそういった「楽しいこと・気分が上がることの種子」を集めていくのがとても上手く、「人生に楽しみを見つける達人」のため、自分が何をしている時が楽しいか、何をしている時に幸せを感じるかを熟知していますし、また、自分が今楽しめているかどうか、それとも我慢しているか等にも敏感でしょう。

それゆえ、楽しいこと・快楽・好きなもの・はまりごとに対する時間・エレルギー・お金の投資は惜しまない傾向が高く、環境面・コンフォートクラス感等には妥協することをよしとしないところがあると思います。

また、芸術・綺麗なもの・華やかなものに対する感度が高いので、自ずと造詣も深くなり、そのままその道に進み感性・感覚・センスを生かした仕事に就く人も多くいらっしゃるはずです。


獅子座は「使われる」星座ではなく、常に自分が主となる星座です。


それは裏返してみると「主となるためには努力は惜しまず、絶え間ない自己研鑽をやってのける」ということでもあります。

獅子座が常に自信満々で堂々としていられるのは、その努力や頑張りの裏打ちがあるから。

そしてそれを表に見せないことも、獅子座の特徴でもあります。

水面下では足をバタつかせ必死で推進力を得ていても表面的には優雅で穏やかで絵になる存在の湖の白鳥のように、必死に汗水垂らしてもがくさまを絶対に他者に見せようとはしないでしょう。

そのことから、「裏での努力を暴かれること」とか（自らがさらすのはいいのですが）プライベートやだらだらしているところなどを人に見せるのは苦手な性格のはずですし、そこを人から指摘されるのも癪《しゃく》に障《さわ》るはず。

豊かさ・楽しみ・華々しさのようなものを、人・世間にシェアしたり、気前が良く面倒見が良い親分肌なところが獅子座の人の良いところですが、マウントを取られることやプライドを傷つけられることに対しては、王のプライドが許さないはずです。

ただ、同じように王様のポジションにある人たちや苦節を乗り越えた「本物の輝き」を持つ人たちには絶対的なリスペクトを持ちますし、また、なんらかの仲間意識のようなものを感じることもあり、気づいたらあっという間に仲良くなっているなんていうこともあるかもしれません。

そして、基本的には「楽しい」こと至上主義者なので、楽しいことには目がないのですが、誰かが群れから外れていたり、楽しめない人がいるとまるで自分のせいのように感じてその人も楽しめるように工夫したりと、人を慈しむ心を持ち、みんなを楽しませることをモットーとする生粋のエンターティナーであり、また「民のために尽くす善良な王様」でもあります。

獅子座の才能

獅子座生まれの人は、実は多くの才能が溢れる人たちだと思います。

「I create」という銘を持つように、クリエイティブな才能に富んでいることから高い創造性を持ち、あらゆることに前向き、且つ積極的に取り組むのが獅子座の人なので、物事に一定の結果を出すのも得意でしょう。

時にはウルトラC的な工夫を取り入れ、世の中に多くの可能性をもたらす人たちなので、「多くのことができる」というのはある意味では当然のことかもしれません。

加えて帝王学を幼少期から叩き込まれ、且つ、持ち前のプライドの高さ・負けん気の強さもあるので、実は何をやっても人並み以上にできてしまうというのが、あまり知られていない、獅子座の多彩さなのではないでしょうか。

ただ、獅子座の強さ、本来の底力というのはその器用さではありません。

では、獅子座の人の本当の才能、力とは一体なんでしょう？

獅子座の人にしか持てない、獅子座だから持てるもの。

それは「エネルギーを与えること」ではないかと思います。

獅子座の守護星は太陽で、太陽は燦々《さんさん》と輝き、その熱や光で自然界全てに「陽の気」をもたらす、万物の動力源とも言えるもの。

人間界でもソーラーパネルといった陽光からエネルギーを取り出すものも発明されていますが、

人間自体も太陽の光でセロトニンを分泌したり、植物も光合成をしたりして、この世界になくてはならない、全ての存在の中心、エネルギーセンターとも言えるものが太陽です。

前述の通り、太陽というのが我々に日々のエネルギー・活力・パワーを与える存在であるように、太陽パワーが天空で輝く瞬間にこの世に生を受けた獅子座の人々は、その一挙手一投足、全てに太陽エネルギーを乗せることができる稀有な存在です。

獅子座の人はその声、動き、作品等を通して元気やエネルギーを世界に分け与えることができるので、その働きはまさにこの世界に放たれた小さな太陽そのもの。人間界の各所に配置され、人々に生きる上での養分・栄養素・活気を放射していくのです。

そのため、その元気エネルギーが広く拡散しやすい業界、特に音楽、文芸、芸能、スポーツの分野で獅子座の人は活躍し、その「光と熱」を世に放つのです。

読んだら元気になる文章、見ているとパワーをもらえる俳優、聞くと勇気をもらえる曲の作曲家やそれを歌うアーティスト、彼らは蓋を開けてみたら、実は獅子座だったというのはよくある話かもしれません。

獅子座の人は、光を世に供給できる人です。

獅子座の愛

獅子座はとても寛大で、愛情溢れる人たちです。

人としての器が大きいと感じられることも多く、細かいところにはこだわらず、人生を能動的に楽しむ姿勢があるので、パートナー・恋人としては、ある意味、最高の人と言えるかもしれません。

また、趣味にしても何にしても、自分だけでなくパートナーや家族にも自分同様に楽しんでもらおうと目配り・努力できる人なので、一緒に時を過ごす人たちを大事にして豊かな時間を共有できる人でもあります。

困った人は放っておけないという英雄的気質もあるので、頼られるとか賞賛がもらえるということから、恋愛や深い関係に進展する場合もあるでしょう。

そして「吊り橋効果」といったピンチを共に越えた仲間に恋愛感情を抱きやすいといった科学的な研究結果にもあるように、ピンチや逆境を共に越える仲間に同志意識を持ち、恋仲に発展するなどは、ある意味獅子座的な恋愛観と言っても過言ではないかもしれません。

冷静な山羊座やロジカルな乙女座からすると理解できないかもしれませんが、ピンチだからこそ燃えるとか、逆境だからこそ愛や恋といった刺激的な要素を求めるのは、獅子座が常にヒーロー・ヒロイン軸でこの世を見ている星座だからなのでしょうか。

そんな恋人としてはある種「理想的」とも言えそうな獅子座の人ではあるのですが、ある意味**獅子座の人が人生で最も引っかかりそうなこと、それが「愛」かもしれません。**


獅子座の人の得意なことは「与えること」、王が下々の者に褒美をとらせたり、ねぎらいの言葉をかけるようにＧＩＶＥする（与える）ことは獅子座の人が最も得意とすることなのですが、愛とは心を受けると書くように、相互にエネルギーが循環するものです。二人の関係を保つためには、与えるばかりではなくて、受け取り上手であることもまた重要なもの。

獅子座の人は前述の通り寛大なＧＩＶＥＲ（与えるもの）のため、受け取ることになんらかの背徳意識や苦手意識、はたまた「屈辱感」すら感じる人がいるかもしれません。

受け取ることが苦手でいると、愛情の循環サーキットからは弾かれるため、短い付き合いはできても息の長いお付き合いができず、周りは関係を良好に保つことができるのに何で私だけは関係を続かせることができないんだろうと人知れず悩んだり、恋愛恐怖症のようになってしまうかもしれません。

その場合、思い出してほしいのが「野生のライオン」の生態系です。

野生のライオンのオス（獅子座のシンボルはオスライオンなのでオスの生態を参照します）はある程度の年齢になると、群れを離れて他の群れに入り込み子を作り、またしばらくするとそこからも離れていきます。

そして自分がボスとして君臨できるところでのみ、定住・固定化するのです。

そのことから察するに、自分がボスとして、最強者として君臨できるようなところにたどり着くまでは、獅子座の人にとってはこの世は修行の場。未だ安寧《あんねい》の地には達していないとも言えます。

納得がいく領土・国ができるまでは我が道を行く！　もしくは、その国を共に作り上げていける人を見つけるまでは、一人で過ごす！

その孤高なマインド、媚びない姿勢は、野生のライオンに由来するもの。

愛も仕事も日々の生活も、王族たる獅子座には、妥協とか、これでいいという概念はないのです。

自分が王として君臨できるように、徹底的にこだわり自己研鑽に励んでいくこと。獅子座の人にとってはそれこそがベストパートナーと巡り合うための、最高にして最速の方法と言えるのではないでしょうか。

獅子座の成功

獅子座の人生は、華やぎに満ちたものです。

他の星座の方たちが羨むほどに、獅子座の人生には、華・豊かさ・栄光といったものが満ちています。

太陽のエネルギーを転写されてこの世に生まれた獅子座の人たちは、生まれた瞬間から、明るいエナジーを放つ存在です。実際に幼少期から何をしているわけでもないのに周りから可愛がられたり、特別視されたり、いつも何かが入選・入賞したりと、恵まれているなと感じることも多いはずです。

また、自分自身が特にそういった特性・個性を持たないにしても、比較的裕福とかなんらかの特殊な家庭環境で育ち変わった方たちと繋がりができやすかったとか、なんらかの特異な環境を幼少期より享受してきたはずです。

まさにそれこそが「王宮で生まれ育った王族の姿」そのものであり、あなたが星の世界の王族の生まれであることの証明に他ならないのですが、その生まれがあるがゆえに、他の人は体験しないような試練や苦悩が付きまとうということもあります。

それほどに我々の生活には、お日様・獅子座エネルギーというのは欠かせないものなのです。

獅子座のセンス

獅子座は芸術を愛する人たちです。

正確には「人を喜ばせるもの・人を笑顔にさせるもの」が好きといったほうが、より正確にその輪郭を捉えているかもしれません。

獅子座の人は基本的にＧＩＶＥＲなので、自分が食べたり体験したりしてよかったものは、人にもオススメしたり、また外出時等の手土産にしたりもするでしょう。

ということは、逆説的には「人にオススメしやすいものやオススメしたくなるもの」を欲したり、探したりという気質を持つということでもあります。

嬉しい・楽しい・美味しいといったフィーリングを「分かち合いたい」という潜在的な願望が獅子座のどこかにこっそり隠れているので、そういう美味しいものクエスト・綺麗なもの探検隊のようなアンテナを常にどこかに立てていて、Ｉ（私）の好みのみならず、Ｗｅ（みんな）が好きかどうかといった視点を持っているのが、獅子座の特徴と言えるでしょう。

それゆえ、獅子座の人たちの好きなもの・テイスト・趣味等には自分「も」好きだが、きっと周りも好きであろうとか、一部の人にはこれはすごく役に立つであろうという視点が含まれがちです。

自分と民を切り離せないところに生粋の王様の生まれであることを感じますが、もしかすると一部の獅子座は「水瓶座・魚座・蠍座」のように、社会とは一切関係がない趣味とかテイストとかを持てたらなどと、心の奥底では少しだけ羨望の眼差しを彼らに向けているかもしれません。

また、獅子座の人は前述の特質から、百人いたら八十人が好き！　というものを見つけ出したり、生み出したりするのが得意で、そういう「プロデュースの才」も持ちます。また、実際にお中元・お歳暮・プレゼント・各種ギフトを贈るのが得意であり、ギフト選びの時間等も好きな時間のはずです。

ファッションもギフトもあらゆる点で及第点を超えてくる**「最大公約数」的なものを見つけたり・生み出すことに最も長けているのが獅子座の人たち**なので、マス向けの企画・製品・商品・サービスには、獅子座の人を要所に配置すると、最も広範囲にリーチできたりして、望んでいた以上の結果が得られたりもするでしょう。

これらは全て獅子座の持つ太陽の気質、「みんなに満遍なくエネルギーを届けたい」といったところに起因するものです。

獅子座が常に正々堂々としていて、公正明大なのは、そういった「太陽エネルギー」が転写された存在だからなのかもしれません。

獅子座の体

獅子座の人は総じて、頑丈な体を持つとされています。

百獣の王ライオンの化身でもある彼らは、ちょっとやそっとのことでは倒れたりはしません。

ただ逆に、「頑丈であるがゆえに」**我慢をしすぎてしまったり、己を過信して、つい働きすぎたり遊びすぎたりすることによる負傷や怪我には注意が必要**なようです。

また、英雄的な行為を好む星座でもあるので、誰かをかばうとか誰かのためにという利他の心・義侠心から自らを犠牲にしてしまい、体に傷を負うということもあるやもしれません。

基本的に精神的に安定しているほうではありますが、強烈なマウントやプライドを傷つけられるようなことがあると、一時的に猛烈に闇に落ちることも考えられます。

しかし、獅子座の守護星は太陽ということもあり、パワーがオートチャージされ、しばらくすると明るい自分を取り戻します。

体の部位でいうと、王としての責任・負荷を背負いやすいことから背中・腰・肩甲骨あたり、そして血流こそが人間の生命エネルギーなので、人体の中の太陽とも言える血・心臓（循環器系）が獅子座の担当と言われています。

また、ライオンが「狩りの時にもぐうたらして動かない動物」であるように、獅子座の色が強く出ると「自堕落」になり、体を動かさなくなってきます。

そうすると、当然ですが運動不足になり、どんどん脂が溜まり血管や関節が硬くなり、動脈硬化や関節の不調が起きたり、内臓脂肪がつくことにより内臓の調子に不調をもたらし二次被害に繋がることも予見されます。

獅子座は運動・ダンス・スポーツの星座でもあるので、ストレッチ・ダンス・軽い体操でもなんでもいいので、できる時に体を動かして汗をかくことが健康管理上非常に重要なファクターとなります。

獅子座にぴったりな食材は青魚、らっきょう、きゅうり、セロリ、良質なオイル、コーヒー、にんじんジュース、赤身のお肉、ビーツ、葉物野菜。

朝に温かい飲み物、白湯等を飲む習慣を持つことは、スポーツカーのエンジンを暖機することと同じで、獅子座の高性能なエンジンを丁寧に使っていくことと等しく、是非取り入れたい朝のルーティーンと言えるかもしれません。

No-6

乙女座

8/23~9/22生まれ

「この世は美しく、クリーンな世界です」

現実的にはそうではなくても、「そう言いたい」のが乙女座の人たちではないでしょうか。乙女座の人のそういった「理想論や理想主義」こそが、実は乙女座が純潔の使徒と言われる所以。

世界には色々な価値観や豊かなもの、面白い人やことが溢れていますが、それらもしかるべき場所になければ、きちんと届けられるべきところには届きません。

つまるところ、この世にはたくさんお宝があるのに、実は〝持ちぐされ〟されていたり、埋蔵金のままになっていたり、不適切なプライス設定になったりしているということ。

そんな〝ロス〟や〝あべこべな仕組み〟に目を向け、その仕組みやプラットフォームを変えていこうとする意志を持つ人たち、それが乙女座の人たち。

そうすることで〝真の才能ある人たちが輝く世界を作る〟ことになり、またその舞台を作り上げることこそが、星の世界のオーケストラの指揮者、スーパークールな乙女座を動かすモチベーションの源泉なのではないでしょうか。

この世界の才能・素養を俯瞰的に見て、適材適所にわりふることで、世界に教養と美意識を届けようと奔走する人、それが乙女座の人たちなのかもしれません。

乙女座と水星の関係

占星術で用いられる十の天体にはそれぞれ「守護星」というものが設定されていて、通常は獅子座：太陽というように、一つの星座に一つの天体が対となっています。ただ、二つの天体の例外を除いて。

その例外とも言える天体のうちの一つは、美の星・金星。

黄道十二星座の中の二番手の牡牛座は金星を守護星に持ちますが、その役割は「個人的な美意識とか本物を作り出すこと」でした。

また、天秤座もまた金星を守護星に持つもので、こちらは牡牛座の主観とは逆に「客観性を持つ美意識とか美的感覚」といったところを担当しています。それゆえ、前者はアーティスト・作家等に向き、後者はデザイナーや広告業界や編集といった分野に向くと言われたりもします。

そして、この項で深く掘り下げていく星座、乙女座も双子座とともに水星に守護されている星座です。

水星がパワーの源とも言われる知恵の神・ヘルメスの力を転写された乙女座は、双子座のそれとは違い「深く掘り下げていく、冷静に物事を見つめる力」を授かっている人たちです。

「I analyze（我、分析する）」という銘を持つ乙女座は、分析・調査・解析が大好き。

また分析・調査・解析を円滑に行うための知性・センサー・スコープのようなものを渡されているので、色々なノイズや違和感には敏感です。

そのため空間・文章・色味・形状・空気感といったところになんらかの「エラーや相違点や違和感」を感じたならば、すぐにその原因を突き止めようとするでしょうし、また、人が気づかないようなマイナーなディテールやマイナーアップデートにすら気づくので、周囲を驚かすこともあるでしょう。

また、これは土の星座の三人衆（牡牛座、乙女座、山羊座）にも等しく見られることなのですが、記憶力にも優れているので、過去に起きたことと照らし合わせたり過去のデータを脳内で検索したりして、瞬時に人の名前とか所属、属性を思い出すことができます。そういった特質から秘書、マネジメント、士業全般に向くので、国家資格等を有し、そういう「先生」と言われる職に就く方が乙女座に多いのは、「深く掘り下げていくエキスパートタイプ」の水星の力をうまく使っているからに他ならないように思います。

また、知性の番人たる水星は、社交術にも優れ、非常に常識的な人たちなので、品行方正で言葉使いも丁寧です。

誤解を恐れずに言うと、十二星座の中でもダントツに礼儀正しい人たちなので、いつも周りには「親衛隊」のようなコアなファン・友人・知人がいらっしゃるのではないでしょうか。

柔軟宮と言われる「どこか優しい・受け止め上手」なところがきっと乙女座の人をそういう風な「社交上手」に演出しているのかもしれませんが、自分が思っている以上に、その神経や性質は繊細。

デリケートな精密機械のような内側・精神性を持つ人たちなので、我慢とかイライラが溜まってきてストレスが最大値近くになると（しかもその最大容量もそんなに大きいわけでもない）帯状疱疹とか皮膚疾患に出やすいのが、乙女座の人の特徴でもあります。

ちなみにその前段階では、お腹を壊したり、胃腸にくることが多いはずですが、それは後述にある通り、乙女座の弱点が腸というところに由来するのかもしれません。

先ほどの話に戻りますが、人との距離感の取り方も上手で、ぶつからないようなやり取り・互いにリスペクトできる繋がり方を好みます。

同じ水星を守護星とする双子座と同じように、人に嫌われない方法を心得ていると言える、人付き合い巧者な人たちであり、仲間を守る意識、大義をなすためにチームビルドを行うことができる天性の人付き合い能力を持つ、それが乙女座の人たちの輪郭であり母星・水星から与えられた力です。

ただ、同じ星を守護星に持つ双子座との違いは、乙女座には厳しさがあるというか、言うべきことはきちんと言うというところです。

『嫌われる勇気』なる本が流行りましたが、あれこそまさに乙女座的なものの代表格。乙女座は「嫌われる勇気」を持つことで、コアなファンを獲得することができる人。

周りに流されない、意思表示をしっかりとして、しかもそれもただのわがままとかではなくて、なんらかのロジックに基づいていることが乙女座の素晴らしいところです。「自分のため」という視点はあまりなく、行動するからにはそれは大義のため、理想のため、ヴィジョンのためという「ゴールの在りどころが明確」なのです。それゆえ、乙女座の掲げる意見・提案には〝筋〟が通っていて、一見厳しい物言いも、その出所は愛であることに気づければ、きっとその瞬間から周囲の人たちは乙女座の味方・支援者となるでしょう。

乙女座の人たちにコアなファンが多いのは、そういう「筋を通す武士のようなところ」が理由かもしれません。

乙女座の魂に刻まれたもの

乙女座の一つ前の部屋の主である獅子座は、「おもちゃ箱」のようなワンダー王国の君主様でした。

クリエイティブでカリスマ性に富み、アイデアも豊富。世界を彩り鮮やかなものにしていくのが獅子座の人たちの特徴であり、またその役目でもありました。

多種多様な色に溢れた社会。それは文化的には素晴らしいことですが、その創作熱や生み出すベクトルが過剰に働くと、今の私たちの生活がそうであるように、この地球上には「それは意味があるのかな？」と疑いたくなるような、将来的にはただのゴミとなったり、不良債権となるようなものが溢れかえることになります。

商売目的だけで過剰に増えたラインナップ、道路を挟んで同じような店が営業・存在していること、政治的な理由があるからか、私たちの生活のためにあるのか何のためにあるのかもはやわからないようなことまで、色々な「余剰なものたち」がこの世にはどうしても生まれがちです。

そんな「拡大と拡散の力を持つ星座」のすぐ後に控えているのが、そういった余剰分を削ぎ落とすメスを握る天女が守る場所、黄道十二星座の六番目、処女宮です。

純潔の使徒・乙女座は、その処女なる言葉から連想されるように、清純無垢にして潔癖、清楚で十二宮一、クリーンなエネルギーを持ちます。

また、そういった「真っさら」なエネルギーを持つことから、「世界をクリーンに保つ監査役」、世界のピュアネス・純度を調整するフィルターのような人たちであると言えます。

つまり、獅子座によって彩り豊かになった世界ではありますが、「で、結局、要点はなんなの？」と世に問いかけていくのが乙女座の真骨頂であり、本質的でないものや余剰物は容赦なく切り捨てていきます。その名に反して意外とシビアでスパイシーな禊《みそぎ》をしていくのが、「世界のシェイパー」として生きる乙女座の使命であり役割でもあります。

基本のキ・原点とか、根幹・土台といったものがしっかりしていなければ、結局はその上にものを作ってもまたフラフラするだけ。どれだけ立派な本丸を作り上げても、土台となる石垣が脆《ぜい》弱《じゃく》であれば本丸やその下の構造物すら弱く脆《もろ》いものになってしまいます。

そういった将来のリスクを避けるためにも世に必要となるのが、「乙女座力」とも言える、禊力と設計力。

本質や核と言われるところを見極め余剰物・余計なものを全てそぎ落とし、コアへとパワーを一点集中させていくのが、乙女座のエネルギーの本質です。

世界には多種多様な人たちがいて、多くの国があり、思想や在り方、色々なものが入り乱れていますが、「本質的なもの」というのは実はそんなには多くはありません。

例えばですが、衣・食・住というのはまさにその典型。どこに住んでもどこにいても何をしていても人が人であるかぎり、三次元世界に生きる私たちはどうしても「食物・衣料・住居」の制約を受けます。つまり、それら無しには安全に生きていくことができないのが私たち、人間です。

そんなエッセンシャルなところに科学的、または現代的なアプローチで、時には哲学的な思考やアート的な文脈を重ねながら研究を深めていくのが乙女座の人たちです。

そのため、人と住まいの繋がりや関係性を探り、ある乙女座は建築家やインテリアコーディネーター、住まいの研究家になるかもしれません。

また、ある乙女座は食に目を向け、医食同源とも言われたりもしていることから、薬膳やヴィーガン・ベジタリアン食やファスティング等の食事や健康療法のマイスター、プロフェッショナルとして大成するでしょう。

はたまた衣のほうに意識を向ける乙女座だと、実際にカスタムメイドでお洋服や和装を作り上げる職人になったり、リペアやリフォームをする職人となったり、伝統芸能・工芸の技術に魅入られてその世界での頂点を目指したりするかもしれません。

乙女座は人の生活に興味・関心がある人が多いのですが、それはきっと、そこには高尚な概念や哲学的な思想だけでは得ることができない「生のリアル」が感じられるからでしょう。

土の星座に属する乙女座には、「体感」というものが非常に大事なもの。

何を見て、何を感じて、何を得られて、どう心地よいのか。

リアルに手に動かすことや、誰かに触れること、はたまた、何かを作っていくことでしか、私たちの体感覚・五感というものは鍛えられませんし、また五感を通してのみ得られる喜びや経験というものも存在していて、それは哲学やドラマや映画等の「作品」を通して感じる知性や芸術的な感動とは全く違うものなのです。

五感を通してリアルに体感をする。同じ五感でも、牡牛座が食す、歌うといったものに興味関心があるのに対して、乙女座のそれはもっと皮膚寄りのセンシング感覚のほう。

「触れる・癒す・治す・作る・回す・撫でる」といったものがその最たるものですが、それら際立ったセンシングの才は「建築・設計・空間・陶芸・書道・華道・セラピー等」の分野で大いに発揮されるはずです。実際に上記のような職種の人に乙女座は多く、名工、名作家、陶工、工芸士、名人などと言われる人たちをたくさん輩出しています。

乙女座が人生で目指すもの

一番・牡羊座から始まり、十二番・魚座で終わる黄道十二宮のストーリーですが、ちょうど真ん中に位置する乙女座と天秤座では、そのエネルギーの質というかベクトルが大きく変わります。一番から六番まではパーソナルなもの、はたまた「社会という軸をあまり意識しない個人的なもの」です。そして、七番から十二番までは社会軸とも言われて、「外の世界を意識する対外的な繋がりや活躍の場」を意味します。

乙女座は六番目の星座で、ちょうど十二星座の折り返し地点に座することから、パーソナルな世界観の完結の場と言われています。この部屋で技術や技能を身につけて「世界に打って出る用意」をして、その準備ができた人から次の部屋「天秤宮」に移り、天秤座を守護する女神に社会という大空を舞うための羽をつけてもらうのです。

ただ、その天空を舞うための羽をもらったとしても「あまりに重すぎて飛ぶことができない」のでは本末転倒ですし、また、その羽が溶けて空から落ちてしまったイカロスのようになってはあまりに無残。

ゆえにこの乙女座の部屋は「羽をつけても落ちないボディ・スペック」にするための禊と調整を司る場所であり、また社会で疲れた魂たちが癒しや調整を求めて舞い戻るピットのような役割を持つ部屋なのです。

そのため、乙女座に生まれた魂は「○○はどうしたらいいか？　○○はどうすべきか？」など、人生の局面、節目節目で相談に乗ること、意見を求められることが多く、そして、そういった難問珍問に対してさらりと、時にシビアに、時に大いなる包容力をもって応える能力を持つのが乙女座であり、そのスキルや話術は「調整役」となるべく天から授けられたギフトでもあると思います。

人はその道の途中で幾度も迷うものです。

時に本質を見失い、脇道にそれたりして、本流に戻れなくなったりした経験がある人もいらっしゃることと思います。

路頭に迷った時、人生の岐路に立たされた時、乙女座に相談した人たちは幸せ者です。

なぜなら乙女座の「禊のメス」によってオペを行われた人たちは、彼らにとってベストなあり方を取りもどせるからです。

乙女座というのは、人生や仕組み・組織の修正請負人たちです。

しかるべき方向に人生を軌道修正していく力は、カウンセラー、医者・医療従事者、整体等代替医療者、セラピストとして生かすことができますし、立体物に対する感覚、センシングの才能は設計者、インテリア・施工・建築等といった分野で思う存分に発揮することも可能でしょう。

また、正義・清浄を求める気質は、公務や弁護士・司法書士といった士業全般に就くことで満たされるかもしれません。

乙女座はそういった「清浄化・修正を担う魂」だからこそ、人生のどこかのタイミングでこのような職種の人たちに自分たちもお世話になることもあろうかと思います。

この世にはたくさんの不条理や不公平や病等、「苦」なるものの原因になるものがありますが、一旦自分もその領域を経験することにより、今度は自分がそちらの助ける側・支える側に行ってみたいと思ったり、そういった治験的なエクスペリエンスを経ることで、その魂に秘められた枷《かせ》が解けて、「修正請負人」として生きるというミッションがどこかから浮上してきたりするのかもしれません。

乙女座の性質

乙女座の基本性格

理想主義者で潔癖、そして「社会貢献」を旨とする乙女座の人たちは、描いた理想や目標達成のためには身を粉にして働くこと、仕組みを作ること、また、誰かの縁の下の力持ちになったり、支えになることを苦としません。

大工さんや建築家の輩出率ナンバーワンの星座とも言われるように、ミリ単位の精度できっちり任務を遂行することにこだわりを発揮する、十二宮一の職人たち、それが乙女座の人たちです。

また、そうして丹精込めて作り上げたものが周りの人に喜んでもらえることが生きがいであり、またそれがライフワークへと昇華されていくのが、乙女座さんの人生の特徴だと思います。

自分を奮い起こすモチベーションの源が「社会貢献や社会の意識変革」である人たちですから、自分自身を賭けられるものが見つからないと、途端にガス欠気味となるかもしれません。

そんな貢献屋さんなところがネガティブに出ると、ブラック企業で働いて搾取される人の筆頭みたいになりかねないので注意が必要です。

ちなみに他にも、過労気味になったり、搾取されがちな星座に蠍座と魚座と山羊座がありますが、山羊座の場合は単純にワーカホリックで、蠍座と魚座は同情や情からずるずるとはまっていく暗示があります。

そして、乙女座の場合は、その真面目さが徒《あだ》となって辞めるに辞められずに居ついてしまう。

そうして最終的には体を壊してリタイアするパターンへと繋がっていくのかもしれません。

また、乙女座の方は「気を抜く」とか「だらける」ことが苦手ではないでしょうか。

逆に言うと、根を詰めて注げる何かが見つかったら、そのことにずっとエネルギーを使い続けられるので、働きアリのようになり飽きるまでやり続けられるでしょう。

真面目さとは良くも悪くも何かのトリガーになるものです。

乙女座の方は、神経が過敏で、不必要な業務まで背負ったり、根を詰めすぎるところがあるので、円形脱毛症とか過敏性腸症候群とか、消化器系の病気には注意が必要だと思います。

そんな乙女座の人たちは日頃から心身の「解毒」を意識しつつ、食べすぎに注意するなり、健康診断を必ず年一回は受診するなりして、健康意識高めで過ごすと良いでしょう。

十二星座の中で、何かや誰かを支えていくという結末を持つのは実は乙女座のみ（例外的に蟹座と魚座もいますが、専門とするのは乙女座のみです）。

　例えば、天秤座は何かしらのキラキラの魔法をかけることができる人たちなので、パッケージやコピー、広告を変えるなどして、対象物がいきなり売れたりし、人気が上がることはあっても、それは「縁の下の力持ち」的な支えではなく、どちらかというと「ご飯に対するふりかけ」的なもの。いわゆる「ブランディングするような魔法」が天秤座の得意技です。

　また、獅子座だったら、アイデアを出したい放題出して、本人としては遊んでいるような感じでも、結果、何かの支えになったり、また獅子座の人が絡むことにより「ロイヤル」な威厳が増して、結果商品が売れるということはあるかもしれません。

　乙女座の場合は、アイデアを出すだけではなく、実際にそれを形にしていくことができる、また、それを形にしていこうとする「具現化する力」が乙女座の最も賞賛すべき力です。

　加えて、問題点を解析・分析してより良い商品・サービスを作ることに情熱を燃やしたり、徹底的な「合理化・システム化」により、余計なこと・余剰分を回避・整理して、全体としての製品の質や売り上げの向上や、サービス品質を高めることができるのが、本質的なところを常に見据えて、抜本的改革をも厭《いと》わない星座・乙女座の力でもあります。

乙女座の才能

乙女座は黄道十二宮のちょうど真ん中、六番目に位置する星座です。

ずらっと並んだ十二の宮の真ん中、センターにいるからこそ、隅々まで目が行き届きやすく、牡羊座から魚座まで各星座の暴走を抑えたり、またそれぞれの活躍の場を整地したり、色々な「整理整頓」を行うことができます。

そんな「好立地」に陣地を敷き全体を統括するのが、十二宮の番頭格でありディレクターの乙女座の人です。

また、好立地を得るというのは十二宮の世界のみならず、この現世においても適用され、乙女座の人は「土地や不動産・そして、その立地」というところに大きな才覚やセンスを授けられています。

そのため、若くして不動産を取得するとか、不動産、インテリア・内装・施工の業界に身を置いたり、建築士、設計士、構造計算、宅建等、色々な「土地・住宅」関連の資格やその業界にまつわるスキルを取得していく人も多いです。

また、自らはそういった資格スキルはなくとも、不動産や土地・権利を相続するなどしてなんらかの「家・屋敷」を守るとか、家族とか仲間の居場所を作ったり、保守するといった立場につくことも多いように思います。

内装・施工と言えば、実際に乙女座の人は大工・建築家輩出率ナンバーワンの星座ですし、名工とか世界的建築家、その多くは乙女座だったりすることに見て取れるように、どうやら乙女座と「土地」の関係は切っても切れないものがあるようです。

その解釈を「場所」という風に広げると、さらに乙女座の人の能力、才覚が生きる場所は拡大していきます。

例えば、市役所・駅・ホール等のコミュニティスペース、ホテル・旅館等、多くの人が使う場所・建物はもちろん、チーム作り、部隊編成など、人は生きていると幼少期から幼稚園、小学校など色々なコミュニティ等で集団生活をしていきますが、そういったものの理事をするとか、出しもの・イベントをまとめたりとか、その組織・構成を決めていくことも乙女座の人の得意分野のはず。

実際に乙女座（特にA型！）は**会社組織には必要な人材と言われているほど、「まとめ力」に秀でていて、その責任感と徹底した分析力・対応力から、あらゆる組織や団体の「要」として活躍する人たち**だと言えるでしょう。

乙女座の愛

恋愛のみで語るなら、乙女座の愛とは「幼少期に男女とか関係なく原っぱや広場・公園で遊んだ仲間感」みたいなものを共有できるかどうかというところに、そのキーがあるように思います。

乙女座の愛とは、蟹座や蠍座といった母性的なものというよりは、また、牡羊座のように獲得欲求が先走る感じでもなければ、山羊座のように社会性が全てという感じでもない、一緒に遊べるか、一緒に楽しい時を過ごせるか、一緒に何か面白いことを企てていけるか、そして、なによりも人生を共に良くしていけるか、お互いの人生に貢献できるかといったところが重要なポイントとなります。

例えば「愛」とか「好き」という気持ちは時に暴力にもなりえます。人は「好き」という大義名分があると急に会社を辞めて恋人のもとに走ったり、また、愛ゆえに家柄や家業等を捨てて愛の逃避行に出て実家との縁を切ってしまったり、はたまた、好きという気持ちが暴走してお互いの家族や会社等にも多大なる迷惑をかけるなんていうことが起こったりもします。

そして、そういったスキャンダルや事件はニュースやインターネット上で連日取り上げられているので、人は「愛なるもの」にどれだけ振り回されるのだろうかとも思います。

ただ、乙女座においてはそういった「愛の暴走劇」は起こりえません。なぜなら、乙女座というのは十二星座一のリアリストだからです。簡単に言ってしまうと、愛とか恋は食べられません。夢を壊すようで申し訳ないのですが、乙女座は自分が相手に貢献できるか、また、お互いに役に立つかということが関係を永続させるために必要であることを知っている人たちなので、足を引っ張る人はまずどこを間違っても選ばないでしょう。ただ、とは言っても全てにおいてメリット主義というわけでもなく、成長の伸び代《しろ》がふんだんにある人、ダイヤの原石だと思える人に出会ったならば、しっかりと内助の功もまた、プロデューサー役もマネージャーも全てをこなし、世に通用するいっぱしの人になるまで磨き上げることも苦とは思わないでしょう。

また乙女座の人は分析家であり、監察官であり、守備の天才なので、どれだけお互いに惹かれ合ったとしても、どちらかにネガティブなことが発生しうるパートナーシップとなりそうなら、最初からリスクはとらずしっかりと「ＮＯ」が言える人たちです。

相手がどれだけ望んだとしても、それが「愛の物語」の上では「正義・正論」だとしても、社会の常識やモラルと照らし合わせてＮＧなら遠慮なく、しかも、とても強い語気で「ＮＯ」と言える人、それが乙女座の人であり、乙女座の持つ真実の愛の形でもあります。

とても献身的で思いやり深いのが乙女座の精神性ですが、その人のためにならないと思ったら諭すことも、制止することも、怒ることもできてしまうのが乙女座のすごいところです。

通常であれば「痘痕《あばた》も靨《えくぼ》・惚れた弱み」等でネガティブなことも受け入れられてしまったり、なんなら共犯関係等になってもおかしくないのですが、乙女座はそういったことは頑として受け入れないのです。とはいえ、魚座のように「困っている人を助けたい」という過剰なまでの宇宙的な愛ではなく、あくまで周囲の人たちやパートナー・家族をしっかりと守っていく。

ただ時折、緩やかなバラもトゲをその身に持つように、チクチクしたものがでてくることもあるのが特徴的。

パートナーや大事な人たちを育て、成長させ、また時に戒める。

もはや乙女というよりは、どこか**味方につけると頼もしい勝利の女神のような、最高の相棒のような存在。「飴と鞭」、「優しさと厳しさ」を両方内包しているクールな愛を体現する人、それが乙女座の人**であり、備わった愛の形だと思います。

乙女座の成功

乙女座は「土の星座」の中の一角で不動宮の牡牛座、活動宮の山羊座と比べて、柔軟宮にあたる星座なので、「土の星座」なる、どっしりしている要素を持つわりにはとても柔らかく、フレキシブルに状況・環境に対応することができる星座です。

それゆえ、何かを状況を見ながらまとめていくこと、適宜指示を出すこと、予算管理や出納系、はたまたパワープレイに出るだけが能じゃない「交渉系」等で、その力を発揮します。

また、前述のように、設計・施工・職人的な仕事・環境整備等でもともと抜群の能力・才覚を示す人たちなので、そのような分野で若くして頭角を現す人もいるでしょう。

乙女座の素晴らしいところは、知性の星・水星、土の星座らしい安定感、柔軟宮の「柔よく剛を制す」的なところが見事にバランス良くまとまっているところです。そのため、過去のデータや歴史的な出来事や今までの積み重ね的なものと現状把握と空間を読む力が相まって、その時々に応じた最適解を出すことができます。

とはいえ、乙女座が素晴らしいのはその実務能力だけではありません。青年期後半以降、乙女座の人は、彼らと対角線上にある星座である魚座、また、次の星座である天秤座的なところを後天的に発現、獲得していくこととなります。

そしてその天秤座・魚座的なクリエイティブ・アーティスティック、そして時に癒しやスピリチュアルな力を、今度は自分の理想の実現のために使ってみたいと思うようになっていくのです。

下積みで長く建築家の事務所に入っていた弟子が、いつか自分の事務所を開いて作家性を発揮したいと夢見るように、また、弁護士事務所で見習いをしている人がいつか自分でオフィスを開いて、弱者救済の使徒として活躍したいと思うように高潔な目標を人生の途中で抱き、実際にそれを実現させてしまうのが乙女座のすごいところです。

乙女座の人生は前述したように二本立てです。ストイックで真面目な最強の縁の下の力持ちとして皆を支える前半戦のあとは、崇高なヴィジョンを掲げ、理想の具現化に燃える後半戦が待っています。

現場で鍛えられた非凡な実務力・現場調整力に加えて、天から与えられた「知性と分析力」は乙女座の理想成就に大いに役立ち、人生の中後半で乙女座の人たちは何かを作り出していきます。

番組、コンテンツ、建築、コミュニティ、ネットサイト、ワクチン、システム等、それがなんなのかは当然知る由もないのですが、ただ、間違いないのは永続的な価値を持ちながらも人の生活を豊かに便利にするものであったり、また、人の精神、哲学、美学等の分野で大きな癒しや刺激になる思想や作品といったものが、彼らが作り上げたいものではないでしょうか。

乙女座の人生の前半戦は、色々な「彩り」を見る機会に恵まれます。

ただ、そういった色の洪水は時に渋滞を招き、人の心を混乱させかねないものです。

そこに憤りやつまらなさ、はたまた倫理的な破綻や整理整頓していく必要性を感じた乙女座は、その土台や仕組みの改変に乗り出したり、新しい術式の開発等に燃えていきます。

新しいメソッドや仕組みの開発にその生を賭していくことが多いのは、世を整えたい、清浄な世界にしたいという乙女の純心が乙女座の方々を突き動かすドライブになっているのでしょうか。

誠実にして静淑、そしてロジカルな乙女の潔癖さによって作られる理想的な場や組織。

そして、そこを訪れる人が癒しや学びを得ること。

乙女座の人の心に真の幸福をもたらすものとはそういった理想を共有できた時、また、自分の経験や今までの積み重ねが社会や誰かに貢献していることを実感できた時ではないでしょうか。

乙女座の若々しさの秘密

人間でいうところの第二次性徴期少し前あたり。まだ男女ともに体の性差が生じる前段階で、男は声変わり前の高いトーンを保っていて、女もまだ特有の丸みが発現しておらず、男も女もどこか両性具有的というか、中性的な印象を持つ時期が数年間あります。

小学校低学年～中学年あたりの児童がその期間に当たるかと思いますが、その間は体の特徴のみならず、男の子が繊細で女子に泣かされるとか、女子は「女の子らしい」とされるような言葉使いではなかったりとか、その生態においても特に「性差」が感じられなかったりもします。

乙女座の人たちはどこかにその頃の癖・メンタルの特徴とも言えるものを持っており、大人になってもどこか中性的というか、フレッシュなままというか、男女差のない不思議な距離感といったものを「なんらかの領域」で保持していることが多いようです。

それがファッション等で出るならば中性的なファッション、いわゆるユニセックス感といったものや、ボーイズライクなヘアスタイルや、少しマニッシュなアクセサリー使い等に出るでしょうし、キャリアというところで出るならば、自衛官とか警官・教員・消防士等、性差があまり問われないような仕事に従事することもあるでしょう。

恋愛にしても同様で、蠍座的な深い性とアクの沼に浸かることもなく、少年・少女時代の感覚のまま、限りなく軽やかでライトな恋愛・お付き合いを好み、まるで同士や仲間のような距離を持つパートナーを好むでしょう。

これらの形質は天秤座が七ハウスという部屋の番人で「つがい・結婚・パートナーシップ」というところを司っていて、「繋がりや男女意識が本格的に分かれる」のはこの天秤座からであることに起因しているようです。

乙女座は天秤座の一つ前の部屋であることから、仕組み・基盤・土台・理想といったものを司り、コントロール・調整しますが、「性差」とか「二人で」というところは実は全くの無関係。だからなのか、乙女座の人はいくつになっても少年少女のように若々しく、どこかニュートラルな雰囲気をその身に纏うことができるのかもしれません。

乙女座のセンス

乙女座は繊細な感性・感覚値を持つ人たちなので、ファッションであれモノであれ、素材感やタッチにこだわる人が多いように思います。

また、省エネ性能・環境負荷、そういったところにも気を使うので、もの選びの際はロングライフデザインかどうか、エコフレンドリーかどうかに注目したり、また、フェアトレード、チャリティー等のものにも食指が伸びがちではないでしょうか。

優しさがあり、潔癖で清楚。

乙女座は男女問わずクールビューティーな雰囲気を持つ星座なので、派手な色合いや柄モノ・エスニックというよりはシンプル、モノトーン、ミニマル、ソリッドな感じが基本テイストとなるはずです。本物志向で職人技を好み、一点もののアイテムや○○の形見とか、先代から譲り受けたものなどを大事に使っていくところもまた乙女座さんの意識の高さが現れやすいところでもあります。

また「実用性のあるなしや健康・美容にいい」というところも非常に重要な評価軸なので、一過性の流行やただ可愛いだけのものには目もくれません。商品やサービス、お店の奥にある「ストーリーやイズム」自体に惹かれるかどうかが、乙女座の人が商品等に手を伸ばすかどうかの判断基準となります。

時が経っても廃れないもの、ずっと使えるものが乙女座の目利きの肝となるところなので、決して「トレンド重視」ではありませんし、華美なものとかブランドに惹かれての購買というのはないかもしれませんが、ヘビーデューティーなもの、リセール価格が下がらないもの、子々孫々に引き継げるということは大きなプラスかもしれません。

工芸品、繊細なライン・技術が感じられるものを好む性質があるので、そういった食器や器、カトラリーを使って食卓を演出することも得意ですし、また実際に自分でろくろを回して器を自作するこだわり屋さんの人もいそうです。

土の要素が強い人たちですので、ガラス・メタル・陶器・磁器・木材といったものを好み、プラスチックやナイロン素材は敬遠しがちかもしれません。

スピカ

乙女座は基本的に「分析魔」でロジカルシンキングが強めなので、誰かに何かを告げる際に「語気が強めではなくても」グサリと受け手に刺さる場合があります。

もちろんこちらはそのようなつもりで発言したわけではなくても、「冷淡」のように捉えられることがあり友人知人をなくしかねませんので、その言葉・表現・伝え方には細心の注意を払う必要があります。

とはいえ、その隠れスパイシーさも、トゲがあるところも「バラにはトゲがあるから魅力的」であるように、プラスと捉えることも大事かと思います。

もともとストイックで本物志向の乙女座は「お世辞で固めたよう言葉を交わすだけの付き合いが苦手」で、甘っちょろいのは敬遠しがちなはず。**乙女座は、本来、目的思考型ということもあり、討論・議論・セミナー・ワークショップ等の知の探求が大好き！**

それゆえ、どうしても意味がない会議、名ばかりの○○みたいなものにはアレルギーが出てきそう。

そう言えば、そもそも天空に輝く乙女座が持つ一等星、スピカとは「スパイク」（とげとげしたもの）が由来だとか。

天空に輝く星の名前にすら乙女座の武器である「トゲ」「突撃していく気性」が現れているぐらいですから、実はそのトゲやイガは隠さずに、むしろ味として積極的に使っていくといいのかもしれません。

乙女座の体

乙女座といえば美容健康・ウェルビーイング！　と言えるほどに、体の仕組み・医療や健康グッズ・アイテムとご縁がある星座です。その繋がりから、やたらと健康グッズや最新の医療・代替医療の動向に詳しいきらいもあり、誰かにプレゼント・ギフトする際に健康アイテムや美容ツールを贈る乙女座の人も多いのではないでしょうか。

また、新しい健康・医療業界のトレンドや健康法についてもアンテナが立っているので、マニアックなところまで熟知していたりして、また、そういう習い事やワークショップ等に行くことも決してやぶさかではないはず。

そんな乙女座の担当部位は、神経と腸とされています。

特に腸は、小腸・大腸・十二指腸・直腸等とたくさんの細かな部位からなり、第二の脳とも言われるほどに「繊細」な臓器です。もし人間が二つの思考回路を持ち、西洋的な知性を「脳」とするならば、東洋的な知性は腸が担当すると言えるでしょう。

かつて、武士は自決する際に腹を切りました。また、西洋では処刑の際、それとは逆に首を切り落とされました。処刑方法からも当時、洋の東西で命の中心がどこにあると考えられていたかが垣間見れるようで興味深くもあります。

そんな繊細系の**乙女座の人が健康を維持するためには「土・木・花等」植物に触れることが重要で、グリーンのエネルギーを吸収するとか、または、足から放電・ネガティブを解放することがキーとなります。**土に触れたり、動植物の優しい波動に触れて癒されることで明日の活力をチャージできます。

乙女座は神経質なところもある人たちですから、皮膚の疾患にも注意が必要です。帯状疱疹・蕁《じん》麻《ま》疹《しん》・アトピー・アレルギー等で「毒素」を体外に排出する傾向があるので、そうなる前に生活のリズムを崩さないようにしたり睡眠をたくさん取るなどして、しっかりと自律神経系を整えておくことが重要です。

食材でいうと、土のパワーをしっかり吸収した根菜類、穀物がパワーフードで、カモミール、ラベンダーのオイル、ハーブティーも乙女座の人たちの神経・気を宥《なだ》めるのにぴったり。また「清浄」なるエネルギーを転写されている人たちでもあるので、食品添加物やケミカルなものには敏感に反応する傾向があります。オーガニック認証を受けているものをいただいたり、時にはファスティングをするなりして、解毒と排泄を中心にしたデトックスプログラムを自分で組んだり、またその道のプロに聞いてみたりして自分にぴったりのアロマオイルを購入したり、マッサージ方法を習得してみたりしてもいいかもしれません。

No-7

天秤座

9/23~10/22生まれ

天秤座は、最高にクールな感覚・センスを持つ星座です。

そのアンテナの感度は、ダントツで十二星座一なので、この世界を生きるありとあらゆる人たちがあなたの動向に注目しています。

正義と天文の女神、アストライアーが手にする正義を測るはかり、それこそが天秤座の真の姿。

正義の女神が持つこの天秤は、地上の正義と均衡を保つ、神聖なるアイテムであり聖具でもあります。

荒廃した時代に舞い降りた天秤座の女神は、この世の全ての事象をその天秤にかけていき、世界の均衡・バランスを調整して回ります。

そして、過度なもの・イレギュラーなものを見つけるやいなや、逆の手に持つ正義の剣で修正舵をかけ、向かうべき方向を指し示すのです。

エゴの暴走、または過剰な自己犠牲。

そのどちらが強すぎても、均衡が崩れ不調和な世界へとなっていく。

それを調律・調整するのがこの天秤座に生まれた人の使命です。

中立・中庸を守るこの女神（とその化身たちである天秤座の人）は過剰を憂い、この地上を適切なバランス感のある「調和」的な世界へと作り変えていくはずです。

天秤座の世界観

神話やタロットカードからのイメージ

天秤座はしばしばタロットカードの十一番目、ジャスティス（正義）のカードと同一視されることがあります。

タロットカードのジャスティスのカードですが、そこに描かれているのは聖剣を片手に持ち、もう片方の手には天秤を持つ女神です。この正義の使者は公正を測る天秤を持ち、不義があるとわかったものをその聖剣で切って捨てるとされていますが、一見穏やかなカードフェイスからはそんな様子がうかがい知れないところが天秤座の実態と似通っているところです。

天秤座の性質も、本来は穏やかで慈しみに溢れたものであり、また実際に女神ライクな人々が多い星座だと言えます。ただ、**不正・不義・不貞・不公平なことに対しては異様に厳しく、中立・中庸から外れたことを決して許さない**ところもまた「正義のカード」の使者たる本質が垣間見れるところかもしれません。

また、天秤座本人たちも「中庸のエネルギー・中道」から外れてしまうと、ブレたことに対するペナルティが彼らにも返ってくる傾向があります。

中道・中性といった世の中のセンター軸を決めるのが彼ら天秤座なので「警察が不正をしていたらお話にならない」ように、自分たち自身も常にクリアでクリーンなエネルギーにその身を包んでおく必要があるのでしょう。

天秤座の魂に刻まれたもの

世界のシステムも社会も会社もサービスも身の回りにある製品たちも、全ては美しくなければならない！

では、美しいとはなんなのか。

それは「調和がとれている」状態であるということです。

調和がとれているというのは、例えば住まいなら、品のある調度品使いや塗装、照明計画が設計されていて、掃除が行き届き、気持ち良くまとまっている空間のことでしょうし、はたまた会社等であれば、ブラック企業化していないことや、社員が気持ち良く働いていること、福利厚生がしっかりしている等と言うこともできるかと思いますが、簡単に言ってしまうと、各々が宇宙との調和がとれているかということでもあります。

美の星・金星から遣わされた天秤座は**「美意識の巨人」であると同時に、この社会を宇宙律通りに再チューニングしていく、調律師**でもあります。

宇宙から聞こえてくる調べにのっとり、身の回りのもの、住まい、地域、環境、社会を「整えて」いく。それが天秤座がその命に託されたものであり、宇宙からの使命なのです。

そしてその壮大なミッションを敢行するために、「天秤座の人には絶対的な美的感覚とバランス感覚そして正義の剣」が託されているのです。

さて、正義の剣というキーワードが出ましたが、十二星座の中には同じく正義というエネルギーを背負う星座があります。

それは、一番手・トップバッターを担う星座、牡羊座です。

軍神マルスの化身である牡羊座が示す正義は、大義名分を伴う勧善懲悪的な正義。はたまた、自分というものが侵略される、権利が侵されそうになった時等に剣を振り上げる力、そういう自己を守るための「力」が牡羊座の持つ正義の本質です。

それに対し、天秤座の正義とはAとB、二人（二社）が争っているとすると、その原因を探り、お互いの言い分を聞き、また第三者の意見を聞いてみたりしてフェアにどちらが正しいのか、どちらに理があるのかを示す、公正を示す力です。

牡羊座が我の星座で、Ｉだとすると、天秤座は私たちの星座で、Ｗｅを意識の主体とする星座なのです。

それゆえ、不正とか変に偏ったものに対しては敏感に反応します。

癒着、偏向報道、何かに偏りすぎた主義・主張、そういったものにはアレルギーを示すはずですし、環境問題やアースフレンドリーではないこと等にもＮＯを言える人たちでもあります。

また、そういったGood for all的なことを考えていながらも常に文化的アプローチでの解決を探ろうとするので、十二星座一の教養人とは天秤座の人たちなのかもしれません。

また道徳心や教育のこと、社会保障や福祉、社会的弱者等についても思慮深く観察する人たちなので、実際にそういった人たちを支援する団体を立ち上げるとか積極的に寄付をするとか、ＮＰＯやＮＧＯに参加するといった人たちも多いかもしれません。

天秤座は「エアー」、風の星座の二番手で活動宮でもあります。その動き方は活発で、非常にフットワークの軽いもの。

そういった〝慈善活動〟にも気軽に参加したり、また自らも立ち上げたりして、社会を良くしていく、みんなのために頑張るといった動きが目立つ〝公共の使徒〟たちなのです。

多様性を学び文化を育む星座

天秤座の教育には「多様性」が重要なキーワードとなります。

正義や公正を司る天秤座は、その手に託された正義の剣を正しく使うためにも、広く世界を知る必要があります。

争いや諍いが起きる原因の多くは、価値観の違いや立ち位置の違いによる意見の相違が主だったもの。

または宗教的なものや思想的な違いが多くの場合は対立を生み、またそこに論争が起き、いつかエスカレートして利権等々も巻き込んだ戦争になったりもするものです。

それは往々にして「一方向」の視点のみから見るから起こるもの。もし相手の視点が持てて、それをしっかりと理解することができれば、「あなたはこうです、わたしはこうです」と互いにリスペクトができ、おさまるべきところへとおさまろうというもの。

天秤座の人生にはそういった「多方向からの視点を持つことを養う」ことが必須となるので、外国に行く、アート、文学、宗教、教育、心理学等に触れることが重要ですし、実際にそういった学問・研究に自然に興味が出る人が多いのではないでしょうか。

世の中に平和をもたらすには、「争いや諍い・利権争い」ほど無意味なものはありません。

そうした前時代的なものを緩和・改善し、真の平和をこの世にもたらすために何が必要か、また、平和的に生きていくためには何をしていけばいいのか。そういったことを人生を通して考え、学び、また、それを伝えていく。

常に問題解決志向を持つので、天秤座の人生には「学び」が非常に多いです。

そのため、大人になってから大学に行きなおすとか、大学院に行くといった人もいるかもしれません。

あくなき向上心と成長マインド。それは天秤座の美徳でもあり、また、大きな武器でもあります。

好奇心と向学心は人を若く保ち、また、学び舎での繋がりはまた新しい人間関係や友を人生にもたらします。

年齢・人種・バックグラウンドの異なる人たちとの繋がりや知の共有経験を経ることで、知のスパイラルを登っていくことができ、また、人という「研究対象」について深掘りしていくことも叶い、そういった活動が天秤座の人のパレットをますます華やかで多色なものにしていきます。

万華鏡を作り上げる人たち

天秤座はその人生の中で、鋼のメンタルを鍛え上げるとか、魂の修行的なものを求めなければ、ものすごく生きやすい人たちかもしれません。

特別お金に苦労することもないし、人からの引き立て運・人気運もあります。

初対面でのやり取りが得意で、人受けの良さは天下一品。そのため、就職等の面接も通りやすいでしょうし、社会的に普通に良いポジションに行ける可能性も高く、恵まれたコースをたどりやすいのが天秤座の人たちです。

また、お付き合い等でもお相手の親御さんにも気に入られやすく、懐にも入りやすいので、結婚のハードルですら決して高くはありません。

天秤座は、人間付き合いマスターの人たち。

さらに彼らは嫉妬もされにくいので、人間関係においては得な星座ではありますが、その代わり「周りとの調整に相当なエネルギーを分配している星座」なので、頂点の景色を見ることにかけては山羊座、牡羊座、射手座、獅子座に比べるとどうしても後手に回りがちです。

どこかに籠って集中しようとしても仲良しさんからパーティのお誘いがきたり、一人でお出かけしようとしても街中でばったり誰かと会い、合流することになったり。そういった常に「人の輪」が周囲にできるようなエネルギー特性から「孤独」とか「一人になること」が厳しく、「何かを極めたりトップを取ろうとして頑張ろうとする」こと自体が阻害されやすいのが、天秤座のある意味弱点とも言えるところかもしれません。

言うなれば、芸能人が一旦外に出ようものならどこでも顔バレするような、「孤独感」とは全く縁遠い星座、それが天秤座なのです。

それゆえ、上述の精神的・魂的な深みを求め、「徹底的な深みを求める道」に足を踏み入れていくと、途端に人生のハードさが増すということになります。

一人で何かを極めようとすると周りからアドバイスを求められたりして、なかなか研究・探求の時間が持てなかったりと、天秤座はその「モテオーラ」ゆえに、なかなか個別な時間が持てないのが悩みの種かもしれません。

「私は器用に色々できるけど、何かを極めることはできないのかもしれない」と人生もある程度進んだ頃に気がついて「私には結局何ができるんだろう？」などと悶々とし始め、一気に不安ゾーンへと入ってしまう天秤座の人もいるかもしれません。

そうして気落ちした場合の対処法。

それはある意味「開き直り」しかないようにも思えます。

掛け算でも0をかけると0になるように、もともとないものを伸ばそうとしてもその芽がでる可能性は無いに等しいでしょう。ただ、あるところを伸ばすようにすれば、それは無限に広がる可能性へと繋がる扉を開くこととなります。


天秤座の特性というものはそもそもスーパージェネラリスト的なもの。


例えば、山羊座を黒の絵の具を持つ者とすると、山羊座は黒の濃度を徹底的に高めるなりしてスーパーブラックにし、「密度」を高めていく世界観や人生観を持つ星座です。

対して、その逆に無限に広がるパレットにとにかくたくさんの色を取り込んで、色が溢れる万華鏡のようなパレットを作り上げていくのが天秤座が持っている人生観です。

天秤座が極めていく世界。それは色の深みや優劣を競う世界ではなく、どれだけの色をその身に纏えるかというもの。

深み勝負では他の星座の後塵を拝するかもしれませんが、多色勝負では天秤座は比類なき強さを発揮します。

錦鯉、クジャク、アゲハ蝶。動物界でいうなら彼らのような「カラフルな存在」になれる唯一の星座。それが天秤座の人たちなのです。

天秤座のソーシャルスタンス

天秤座は常に、「自分がどう見られているか」という社会での立ち位置・見え方的な部分に気を使う方たちです。

だから、築き上げてきた対外的なイメージ・バリュー・ブランドが崩されること・風評被害のようなものやレピュテーション・リスクには敏感です。

人付き合いに関しては、天秤座はソツがありません。

途中までは実にマイルドで、まるでマトリョーシカのようにどこまでもいい人。ただ、あまりにも彼らにとってNGなことをしていくと、面がスパーン！　と変容！　最後の最後にはなんと阿修羅の面が現れた！　的なこともありそうです。

怒りを通り越し、表情筋が固まり、一気に対象に対して「無関心・無感動」になっていくのが天秤座の生態ですが、なかなかに「懐が深い……というか面の皮が厚い」星座なので、そこまでオブラートをはぎとれる人は、そうそう多くはないかもしれません。

これは天秤座に非常に多い特徴ですが、「この人は必要以上に掘り下げてくるなぁ」「なんだか粘着質で突き詰めてくるなぁ」となったら、クイックターンで相手の前からいなくなります。

しかも相手に気づかれないように全てのお誘いを交わし、スルーしながら！

それでも食い下がる人・しつこい人からは「もう会いません」と去るなど、とにかく深入りされることを毛嫌いする人、粘着質でウェットなのが苦手な人、それが天秤座です。

情緒的なお付き合いというよりは限りなくライトで知的・文化的なお付き合いができる距離、その間合いこそが最も天秤座らしさが生きるソーシャルスタンスなのです。

天秤座が人生で目指すもの

天秤座の人たちが息をするようにできること。

それはもしかすると何かを極めることや、前人未到の領域に達し、新発見等で常識や人々の世界観を刷新することではないのかもしれません。

ただ、**「誰からも愛される」才能、「誰からも愛される何かを生み出すことができること」は他の誰にも真似できるものではなく「天秤座のあなただからできること」です。**

あなたが生まれた時、天から授けられたものは「愛される才能」、そして「その愛され運をまた誰かに託すことができる」ということ。

金星という愛の星は二つのエネルギーをこの地球にもたらしました。

一つは牡牛座に、「美しいものを生み出す才能」として。

そしてもう一つは天秤座に、「美しいものを愛で、評価する才能」として。

この才能たちはそれぞれの場所で芽吹き、世界には美しいもの・本物と言われるものが多く誕生しました。建築物、美術品、音楽、彫刻、美しい文章や詩歌、そして総合芸術とも言われる舞台や映画まで。とはいえ、何が美しいのか、何が原因・理由でそれを素晴らしいと感じるのか、いわゆるきちんとそれらが神がかっている理由・本物である理由を評論できる人はそうそういないのが実情です。

皆思い思いに好き嫌い、いい悪いを言いますが、「本物が本物である理由」をきちんと評価できる人がいないと、世界は美意識の基準を持たないままに進化、成長を遂げていくこととなります。

また、利益最優先主義で金・権力のみに成長のフォーカスが当たった社会ほど「心が摩耗し、失われていくこと」はないでしょう。人は心がある存在で、ロボットでも機械でもないのです。

それゆえ、この社会を人間性や品性を欠いた世界ではなく、「愛ある人間らしい世界」にするためには、人の心を育むものの介入、存在が絶対に必要となります。

心に栄養を届ける小説、夢を想起させる絵本、優れた絵画、息をのむ映画、はたまた荘厳な建築など、「アート」と言われる本物の波動を持つ作品・建築物たち。

とはいえ、世の中には多くの贋作や本物っぽいものもあるので、どこかで一線を引いていく必要があります。

本当に心がこもったものを見出したり、本物の輝きを持つもの、また、アートヒストリー的に意味のあるものを引っ張り上げたりする、いわばキュレーター的な役割。それを担うのが天秤座の宿命でもあります。


実際に、天秤座の人たちは素晴らしい眼力を持つ人たちが多く、その人生の中で新旧・洋の東西を問わず、たくさんの物事・作品・アート・場所にご縁が繋がっていくでしょう。

他の人たちでは「わからない美点」、そういったものを天秤座のあなたはきっと見つけられるはずですし、そしてそれこそがあなたが美の観察者としてこの世に生を受けた理由でもあります。

風のように自由に動き、またそこで得た「本物の種」を風に乗せて飛ばしていく。

風の星座の二番手、天秤座の「エアー」とは実はあなたの周りで黄金色に輝くオーラのこと。

あなたが触れるもの、見るもの、会う人たちにその黄金のパワーを分け与えていく。そんな黄金色に輝く旅人とも言うべきものが天秤座本来の姿なのかもしれません。

天秤座の性質

天秤座の基本性格

天秤座の波動とは、「調和」そのもの。

完全なバランス、調和、そしてそこから生み出される協奏や芸術作品。そういった「華やかで調和的なもの、そしてどこか文化的な香りがする」のが、天秤座の世界観です。

同じ金星のパワーを持つ牡牛座がオーセンティックなのに比べ、天秤座のそれはどこかモダンで垢抜けていて、またポップさやトレンドすらも感じさせるものです。

まさに「キラキラ is mine」とも言えてしまうのが、天秤座のスローガン。

キラキラを取りさってしまうとそれはもはや天秤座ではなくなるし、華と豊かさがない生き方、修行ばかりのものなんて天秤座の生き方ではありません。まるでブルボン王朝におけるフランスの貴族や、芸術家を囲っていたパリのサロンに集う人々のような、耽美主義を持つ人たち。それが天秤座的な生き方なのです。

天秤座の人はそういった「穏やかな空気感」に包まれている人たちなので、声を荒らげるとか暴力とか、公衆道徳に反することと対しては「まるで別世界のこと」のように対応するはずです。

そういったことを目撃したり、直面したりすると、神の国に鬼が一匹舞い込んできたような反応・冷ややかな視線を投げかけるなど、天秤座は基本的に平和でゆるい人たちですが、暴力と不調和なことは許さない「倫理の番人」たちなのです。

天秤座は「ネガティブな概念がない星・金星の使者」なので、基本的に豊かなこと、綺麗なこと、創造的なこと、文化的なことしか存在しない世界観を生きています。

それゆえ、愛のない言動やリスペクトがないことに心を傷める傾向が強く、粗野な言動やマウンティングや圧力を加えられることを極端に嫌がります。

また、「決めつけ」も天秤座の苦手とするところなので、なんでも決めつけてくる人たちからはそっと距離をとっていくでしょう。

天秤座は基本的には争いを好みませんが、「公正・公平」を司る神をその母体とする星座なので、どうしても仕方ない時にはその聖剣を振るうことも。ただし、それは情に駆られた激烈なものというよりは、非常にクールでドライで論理的なもののはず。

相手に一言の反論も許さないような完璧な一撃、そんな非情なアクションすら辞さないでしょう。

天秤座がその手に持つ剣。普段使うこともないので、一見するとただのお飾りのようにも見えますが、実際はナマクラでもなんでもなく、必殺の一撃をお見舞いできる「伝説の聖剣」なのです。

さて、金星からの使い・天秤座にはこんな物騒な話は似合わないので、話を元に戻しますが、天秤座は基本的には**愛と美と豊かさのエネルギーに満ちている文化度数の高い人たち**です。芸術を愛し、またそれを育てる目や意識をも持ちます。

高尚なことを好みますが、「I balance（我、調整する）」の銘にあるように、どうしても世界に溢れる〝not beauty〟なことをも見なくてはならない宿命があります。そして、それを最適化する、正していくのも、天秤座に生まれたものの使命や課題だと言えるでしょう。

天秤座の才能

天性のバランス感覚と世界に中庸をもたらすリバランスの才。

それが天秤座の特質でもあり、十二星座中、天秤座しか持っていないスペシャルな力でもあります。

科学的な実験結果から、人が美しいと感じる顔は平均的な顔であると言われていますが、守護星である美の星・金星と均整のエネルギーを司る天秤座のあなたにかかれば、科学等、特殊な技術を用いなくても「みんなが良いと思う中庸点を見つけ出すこと」「マジョリティが納得する落とし所を見つけること」など造作もないことのはず。

もし「大衆に受け入れられる才」というものが存在しているとするならば、天秤座のあなたは天才的な「受け入れられる才能」を持っている人なのです。

また、天秤座の人たちは「キラキラの魔法使い」であると言えます。

天秤座の方は十二星座中で唯一、何かをキラキラさせるマジックを使える人たち。

一見普通のものでも彼らが使っているだけで「なんだか素敵なもの」に見えてしまったり、彼らが常連というだけでそのお店が良いお店に見えて、途端に流行って流行の店ランキングに入ったり。そうした不思議な「盛る力」いや、「キラキラの魔法」を行使できるのが天秤座の特権です。

例を挙げるとするなら、ホテル・リラクゼーション・レストラン等、サービス・接客の場面において、コミュニケーション魔人の双子座が接客してくれるのなら、心地よいキャッチボールを楽しめてお客さんは気持ち良くお帰りいただけるでしょう。

ただ、それが天秤座の方の接客となると、なんだかわからないけど自分のグレードがアップしたような感じがしたり、妙な高揚感があって神輿に担がれているような感覚になったり、急に貴族にでもなったように、良きに計らってもらえた感が出てくると思います。

とはいえ天秤座の彼らの側からするとヨイショしているつもりはないし、持ち上げ上手でもない。なんなら、けっこう厳しいことだって言っている。

だけど、客側からすると、彼らと接するとなんだか格上げしてもらえる感じがする。

そこに天秤座の底力というか、不思議な魔力があるのです。

彼らにはその得体の知れない力を使って、「誰かや何かを次のステージへ持ち上げる梯子《はしご》」をかけることができます。

企画とかＰＲ、インフルエンサー的なことはもちろん、キラキラの魔法が絶対にあったほうがいい芸能人などにも向いているし、また彼らのプロデューサーやアレンジャー・マネージャー、はたまたそういう人たちの発掘業・スカウティング、またコンテンツのＭＣや誰かを引き立てる仕事をやらせると抜群の才覚を発揮するので、手がけたアイドル・タレント・アーティスト等が一気にスターダムに駆け上がるということも大いにありえるでしょう。

天秤座の愛

天秤座は、十二星座一の愛され力を誇る星座です。

ここだけを聞くと「浮気が多いとか不倫傾向がある」とか思われるかもしれませんが、そうとも言い切れず、むしろ「アイドルや芸能人」に近いもののように思います。

つまり、ファンとかフォロワーといった人たちを多く獲得できるタイプの「愛され運」を持つ人たちであり、そのレイヤー・距離感の人たちからの愛情を受けることにより、そのパワーを自分を動かす燃料に変換し、よりパワーアップしていける人たちなのだと思います。


天秤座は「公共性」を重要視する星座ですから、「特定の誰かとべったり」というのは実は苦手かもしれません。家では家族で一緒の時間を過ごしても、外では別行動を好むとか、はたまた結婚していたとしても、全く周囲から気づかれなかったなんていう人もいるかもしれません。

天秤座の人たちはその軽快さ、気遣い、優しさ、感性の鋭さ、言葉の感度といったものから非常に「モテ系数」が高い星座です。何もしていないのに勝手に異性に人気があった！　なんていう人たちも少数派ではないはず！　その一挙手一投足が絵になるとかなんとも動きに品がある

（実際は粗野でもよく見えてしまう）ように他者の目に映るのは、守護星の金星が天秤座の人たちをキラキラのオーラで包んでいるからでしょうか。

また、天秤座からの愛、これも前者と同様に「for all」のものです。

つまり、みんなでどこかに行くとか友人たちと一緒に行動するとかもそうですし、また、彼女だから、配偶者だからといって特別視することはなく、一人の個性・個人としてフラットに扱う傾向があります。

天秤座はそういったドライなところを持つ星座ゆえ、愛に狂うとか愛で暴走するといったことがありません。なんなら嫉妬とか僻《ひが》みといったことも感じえない可能性もあります。

ただ、世界的人気者、大スター、著名な作家、カリスマモデルやアスリート等にそういった感情が渦巻き、急に嫉妬心やライバル心を燃やしたりするのは、天秤座の人自身が「マス」を相手にした「モテ」を無意識レベルで欲していることがその原因かも。

「みんなから愛される存在になる」天秤座は、「一人からの愛情」では満足できない人なのかもしれず、他の人にも興味が出るとか婚外の関係に食指が伸びるようなら、それは「認知度・人気度」といったところに心が満足していないからなのかもしれません。

誰かのものになるよりも「みんなのもの」でありたい。

そんなスターのような愛情を求め、また、そんな立ち位置でいることに熱意を燃やす存在、それが愛されるために生まれてきた「寵愛《ちょうあい》の星からの使者」である天秤座の人たちの愛の形なのかもしれません。

天秤座の成功

天秤座はセンスの星座とも言えるほど「感性」に恵まれた星座で、きらびやかな空気感をその身に纏います。

ファッション・スタイリングのみならず、贈り物・言葉がけ等全てにおいてセンスがいいのは守護星が愛と美を司る星・金星だからというのもあるでしょうが、天秤座のあなた自身が常に「他者からの見た目・また常に第三者目線で社会・相手・自分を見られる方」といったところに起因します。

そして天秤座はニュートラルポイントをホームとする星座なので、みんなから愛される最適解・最大公約数的なものを打ち出していくことを得意とします。

ただ、最大公約数というのは、どうしても凡庸なものになるイメージがつきまとう言葉ではありますが、十二星座の中でも最も貴族的で品格高きサイン・天秤座の「天秤座的なソリューション」というのは、明らかに他とは違う「一段上の格」のオーラを放つものとなります。

ある意味、ものすごく失礼な言い方かもしれませんが、他星座が真似すると何の変哲もないものになりかねないものも、天秤座の人がしているというだけで、キラキラ度が１５０％アップして見えてしまうのです。

尖ったものを作るのは「深み」のある星座たち、蠍座・山羊座・牡牛座の得意技だとすると、天秤座的なものというのはどこか品のある「みんなに愛される」もの・サービスです。

そして、天秤座自体も**狭く深く愛されることよりも広く愛されることを好みます**ので、多くの支持者・ファン・フォロワーが得られることにはできる限りの努力を重ねていくでしょう。

また、天秤座自体は周りから「神輿に担がれやすい」人たちでもありますから、天秤座の人たちが「目立つこと」を望むなら、多くの支援・サポートを得て、一気に時代の寵児になることもできるはず。

人を支えたり、キラキラさせたり、人との繋がりから楽しみを得たり、また素敵なパートナーとの蜜月を楽しんだり。天秤座の人生にはそういった豊かな瞬間が満ちています。それもきっと天秤座の守護星が、美と財と豊穣の星・金星だからでしょうか。

天秤座のセンス

天秤座は、特定の誰か一人からの百点満点ではなくてみんなからの八十点が欲しい星座です。最大公約数と言いますか、広くみんなから愛されることでパワーも出ますし、また自信にも繋がり、承認欲求が満たされるのです。

そのことから考えると、天秤座はファッション等でも「そつがなく」「尖っていないけれどなんだかいい感じに見える」コーディネイトを得意とするはずです。

全体を通して「品良く見えるような」世界観や空気感。

そんな素敵なオーラをもともと天秤座自身もその身に纏っているのですが、インテリアやファッション、日常の細々したものですら、「誰からも好かれる目線」が加味されていくので、放っておくと自然と「ここはインテリアショップとかショールームかしら？」と言われるような部屋・家になっていきます。

実際に天秤座の人は「いい塩梅《あんばい》」とか「いい具合」的な当たりをつけるのに優れているので、超過しているものを捌《さば》くことが上手です。

足し引き、抜けをもたせる、明暗のバランス等々、色々なセンスアップの要素を誰に習ったわけでもないのに自然にこなせるのが、天秤座の美の申し子である証明でもあります。

衣食住にもこだわりはありますが、天秤座は必ずしも贅沢志向というわけではないと思います。

もちろん家の都合とか諸事情で結果的に裕福になるならそれでいいのですが、あるならある、ないならないで楽しめるのが天秤座の良いところ。

何事もバランスであるということ、そしてどんな状況におかれてもそれを楽しめるのは、天秤座が知性のエレメントと言われている「風の要素」の一角の星座だからでしょうか。

そして、そういった「バランス感覚」を生かして、コーディネーター、インテリア関係、デザイン全般に就く人も多いかと思います。

もちろんそういった「美的な仕事」も天職だと思いますが、対物・環境ではなく、同じように「人をキラキラ」させる人も一定数いらっしゃいます。

メイク、カラーリスト、スタイリスト、占い師、カウンセラー、キャリアコンサルタントといった仕事を通して、クライアントの人生をキラキラさせることもでき、大いにやりがいを感じられるはずです。

天秤座の体

天秤座のバランス力、そして金星の力が最も強く現れるのはおそらく「体」についてでは？と思えるほど、**天秤座の人は均整のとれた体を持つ人が多い**です。

同じ金星を守護星に持つ牡牛座がゴージャスボディだとすると、よりモダンで現代的な天秤座は、腰回りの美しさの際立つヴィーナスボディの持ち主。

実際に天秤座が担当する部位は「腰回りとその周辺の臓器」なので、腰回りが特徴的な人は多いかもしれません。

ストレスや負荷が過多になるとぎっくり腰や腰回りの不調が出てくることが多く、それが「もう自分に厳しくしないで」という体からのサイン。

天秤座はもともと、ストイシズムとは真逆にある星座なのです。

楽しみ・豊かさ・美しさのためならエクササイズやトレーニングもできますが、「追い込んでいく・ストイック系」のものや鬼教官についていくブートキャンプ系は苦手なもののはず。

素敵な服を着るためとかパートナー探しやコンテストのためといった目的ならば、すごい頑張りを見せることもありますが、基本的には甘いところもあるため、ラインを崩さないように日々の食事等には気をつけたいところです。

食材の話をすると「天秤座がダメージを負いがちでこまめに回復させるべき臓器」、それは腎臓と膵臓そして肝機能です。そのどこもが外部から入ってくる音、騒音、ノイズ、また気遣い等で疲弊していく器官で、**「気遣い屋さんであり人や場所の波動をもらいやすい」天秤座**はそれらを浄化・クリアリングしてくれる食材をいただくことが、健康を維持する秘訣と言えそうです。

天秤座の人生は金星のパワーに後押しされたものであり、「甘さと同居したもの」のように思います。そのため、食材としてはチョコレート・フルーツ系全般、麦、穀物、自然な甘みのある食べ物が天秤座のストレスを取り除いてくれるものの筆頭格。

できれば無農薬とか産地、生産者、オーガニック認証などにこだわったものをいただきたいところ。また、野菜でいうと根菜類もいいですが、解毒に良い葉野菜やハーブ系を多くいただくといいでしょう。

また、天秤座の体からいらない毒を掻き出し、クリーン・クリアなヴィーナスボディのキープを狙うならぜひフレッシュなとれたて野菜をいただきましょう。

レモン・ライム等の柑橘系も肝機能向上、脂分の消化を促すことから、レモンウォーター・デトックスウォーターを朝夕等にいただくことも、天秤座における美活には、ぴったりの習慣かと思います。

No-8

蠍座

10／23～11／21生まれ

人の体では、古い細胞は新しい細胞へと取って代わられ、汗や排泄物となり体から排出されていくもの。

その機能、新陳代謝・メタボリズムというものは、社会でも同じように起こるものですが、変わっていくべきものが変わらずにいると、当然、詰まりや淀みが起こります。

人間の体も詰まりが生じると病になるように、社会や組織にも、詰まりが生じると歪みや腐敗が生じるもの。

体や社会に詰まりが生じた時、シフトされるべき何かが起こった時、正義の剣でも取りきれない腐敗が蔓延した時。

そんな場合に、最後の手段として噴射されるのが蠍座の毒です。

蠍座は、十二星座の中で唯一毒を持たされた「最終兵器」のような立ち位置にいる星座です。

その物騒な毒針の使い道とは、「毒をもって毒を制すため」。

蠍座の毒とは混沌を正すための必殺武器であり、冥府の王から託された、この世を清浄なるものに戻すための聖器でもあるのです。


そんな強力な武器を持たされている蠍座は、実は、十二星座の中の隠れたスーパーヒーロー。

特に人生が進めば進むほど、蠍座に託された天命は強く現れ、救済の使徒として、広く世間から求められる存在になっていくでしょう。

蠍座の世界観

蠍座と冥王星

蠍座は、冥王星という冥府の王ハデスの名を冠された星を守護星に持つ星座です。

冥府の王などというぐらいですから、その惑星が司るパワー・暗示は、死とか闇と言われるもの。

ただ、死というと怖いイメージを抱きがちですが、よくよく考えてみると、死とは常に生と共にあるもの。全ての物事には終わりがあれば、また始まりもあります。

生と死、始まりと終わり。それらは二つで一つのセットなのです。

破壊と再生、生と死とも言えるエネルギーをその背に持つのが蠍座。

その蠍座のこの世での担当領域は、「破壊と再生と中和」です。

蠍座が司る「破壊」というのは、生半可な破壊ではなく、ハルマゲドン級の爆弾が落とされるような壊滅的なスケール感のものです。

もちろんその崩壊劇の渦中は相当厳しいことが起こりうるのですが、そういう「オールリセット」が起こることで、人は根本的に変わることができるのではないでしょうか。

蠍座の真のパワー、それは「生きながらにして生まれ変わらせる力」。

ひとたび冥王星の起こす変化の渦に巻き込まれれば、キャリア・家庭・精神・魂・肉体のどれかを壊されることもあるかもしれません。

築き上げてきたものを問答無用で壊される、まさに「一回死ぬ」とも言えるようなことを生きながらにして経験しますが、ただ、蠍座の破壊とはその転生のプロセスの最初の儀式にほかならず、人生のやり直しスイッチが発動されると必然的に起こるファーストアクションのことなのです。ただ、どうしても一番インパクトがあるところなので、どうしても蠍座や冥王星の印象として語られることが多いのですが、この破壊の部分は激しすぎるプレリュード・除幕式に過ぎず、蠍座・冥王星パワーのただの入り口にしか過ぎません。

冥王星の圧倒的な力により、大地は一旦は更地になるかもしれません。

ただ、整地されたその土地の上には新時代の、今のあなたにとってより良い建造物が建てられていくことになります。そして、その完成をもって蠍座の破壊と再生のプロセスは完了します。

蠍座の力は、破壊の部分が多くの場合は力を入れて語られることが多いのですが、実はこの再生の部分こそが蠍座という星座がメインに受け持つ場所。

蠍座とは「果てしなく深い愛の星座」なのです。

人は愛着を持つ生き物です。そのため自力では、環境やあり方を変えるということはなかなか難しかったりもするもの。

そんな自分を変えるために巻き起こる変動の嵐、そしてその変動を起こすスイッチを握る蠍座と冥王星。蠍座の愛はこのように、最も痛く、深く、そして多くの実りと成長をもたらすものなのです。

本来、人はいったんは空に帰らないと再度地上には戻ってこられないものです。

ただ、唯一、蠍座の持つオールリセット機能を使えば、人はこの世に存在しながらも「転生」することができるのです。それは冥府の王のパワーを持つ蠍座だけができること。また、あの世とこの世の間に生きる蠍座だけが持つ特権とも言えるものなのです。

蠍座の魂に刻まれたもの

蠍座は蟹座と同じ水のエレメントに属し、共に外骨格、甲羅、ハサミを持つなど、形質的にも似かよったところが多く、また愛とか母性といったものをテーマに持つと言われる等、類似点が多いのがこの2つの星座たちですが、蟹座が「愛を育む」星座だとすると、蠍座は人生における愛のB面や副産物を知るために生まれてきたようなところがあります。

愛とは、色々な側面を持つものです。

穏やかな時もあれば、激情にかられる時もある。愛があるゆえに得られる感情もあるし、愛が感じられなくて心が枯渇するなんていうことも起こりうる、

それほどに愛とは人間の成長・人生に欠かせないものであり、また人は愛ゆえに思い悩むものでもあるのです。

蠍座の人は、愛という名の沼に最も深く浸かった人でもあります。

蠍座ほど深いところまで入り込むと、通常では見えてこない景色や色を見たり、また、深遠なる何かを掴むなどということもきっとあるのではないでしょうか。

そして、これは人の世の理とも言えることですが、深く知れば知るほど、光も増しますが、また同時に闇も増すもの。それゆえ愛深きことによる大きな感動を得ることもあれば、また逆に愛深きゆえに苦しみが生まれることもあるでしょう。

言葉や表層の表現では伝わらない、深き思いや思想やパッション。

そういった心に溜まったものを発散させるため、星々は往々にして蠍座の人を芸術やクリエーションと結びつけるのでしょう。

蠍座の人に芸術家が多いのは色々なエネルギーを溜めやすく、愛深き性分ゆえ、そしてその深き愛の出口を求めてこの世を彷徨《さまよ》うと、最終的にたどり着くのがプリミティブで最もピュアな芸術の世界だから。ここではじめて蠍座は、自分の全てをぶつけることができるフィールドを手にすることとなるのかもしれません。

蠍座を育てるには……

蠍座は裏面を司る星座です。

危険とされているところ、スパイシーなところほど目が向きやすく、刺激を求める星座でもあります。

しかも０か１００、白か黒しかない極端な性質を持つので、突然、「留学します！」とか、「起業します！」と言い出したりして周りを驚かせることもしばしば。

幼少期から思考の溜め癖があり、口を開いたと思ったらとんでもないことを口走るとか、発言・発信するということがありますが、熟考に熟考を重ねた上での決心・一言なので、それらの考えや発言は覆ることはないでしょう。

友人関係等もそれと同様に、**最後の最後まで仲の良い人たち、友人たちを信用・信頼しますが、一旦こじれたら最後、もう二度と口をきくことはない、**まさに門が閉じられて、さらにそこに閂《かんぬき》がかけられたような感じになり、完全シャットアウトとなるはずです。

蠍座は極端とよく言われますが、その傾向は、蠍座の日々の生活・行動のありとあらゆるところに見られます。

巷で言う正統派・マジョリティというものたちに対して距離を置くとか、なんらかの反抗心・反対意識・猜疑心を持つ傾向があるので、多くの人と群れることは嫌うでしょう。それゆえ、小さい頃には友達が少ないのでは？　と両親や家族から不安に思われたり、また学校でいじめられるとかマジョリティや集団にやられてしまうなんていうこともあるかもしれません。

いずれにしても大きくなってから、相応の力を持ってからマイノリティ・社会的弱者を救っていくような救済者となっていくことが多いのが、蠍座生まれの人の宿命。

そのため、どうしても成長過程のどこかで一旦そういった「厳しいこと・嫌なこと・不快なこと・マイノリティとなること」を目撃したり、体験するなどの事件や出来事が発生してしまうのかもしれません。

また、蠍座は目に見えない領域を司る星座でもあります。

霊的なもの・スピリチュアルなもの。そのあたりは全て蠍座の領域です。

実際に小さい頃からそういったものに関わりが深かったり、心霊もの等に興味があったり、またそういう素質がありどこかで開花したりして、生涯を通じて「三次元ではない世界」との繋がりは消えることはないように思います。

見えない世界からの後押しを受けるのが蠍座の人たちの特徴でもあるので、転んでも間一髪で助かった！　とか大事故を起こしたのに無傷だった！　など、そういう奇跡体験をするなんていうこともありそうです。

そしてそういった体験からますます霊的世界や見えない世界・価値観に興味が出て、その道を極めていくようになるといった、異色とも言える人生を送るということもあるかもしれません。

蠍座が人生で目指すもの

蠍座は大きな器を持つ星座です。

これは水の星座には比較的共通していることで、蟹座は育む力である母性をもその器の中に持つ星座だとすると、水の星座の三番手、魚座は宇宙や浄化、または全てを併せ呑む宇宙的な混沌（カオス）をその器の中に持つ星座だと言えそうです。

では、蠍座はどうかというと、蠍座の場合は「セイナルウツワ」を持つ星座だと言えるでしょう。あえてカナ表記にしたのは、全ての「セイなるもの」が蠍座の管轄であり、一つのセイに限定することができないからです。

「聖」、「性」、「精」、「生」……と、充てられる漢字は全て違いますが、読み方は同じ「せい」。その「セイなるもの」が蠍座の担当領域の全てと言えるものです。

また、ここに挙げたセイなるもの（聖・性・精・生）はどれもが実は目に見えないもの。蠍座が目に見えないものを担当すると言われる所以は、おそらくこのあたりにその原因を見出すことができそうです。

そういった霊的なもののバックアップを大いに受ける蠍座の人は、「目に見えないエネルギーに恵まれた人たち」でもあります。

それゆえ、蠍座の人は生命力に溢れ、鋼の精神力があり、女性性・男性性を生かした仕事・それにまつわる仕事をしていたり、また、聖なるパワーを生かせる人たちなので宗教家・聖職者にも向いていると言われています。

また、そういった陰の仕事を通して何かを清浄化、癒していく、本来の魂のレールに戻していくという役割を持つ星座でもあります。

大いなる母性や神性の前ではどんな肩書きがある人たちでも素の自分や鎧を脱いだ自分に戻れ

るように、誠実で裏切らない深い愛情を感じた時に人は無条件に本質的なステージ・自分に立ち返れるのかもしれません。

そしてそういった「セイなるパワー」を与えられている蠍座の人たちは、色々な分野、領域でその力を発揮し、**全ての汚濁を呑み込んで包み、癒していきます。**

蠍座の人たちが本来望んでいることは、世界を本来の美しいものへと戻していくということ。

そのためには時には自分がダークヒーローや汚れ役になったとしても、いかがわしい役やなんらかの悪の仮面を被ったとしても、後世報われればそれでいいと言ったような思い切りを見せたり、開き直りをすることもあります。

そんな厳しい評価を受けようが、全く聞く耳持たずで、社会を清浄化させるためにひたすら突き進む、そんな孤高の清浄化委員のような人。

それが蠍座の人の本質であり、世界の浄化と正常化を行うというミッションを持たされた、セイなる使者・蠍座の生き方の基本とも言えるものかもしれません。

蠍座の性質

蠍座の基本性格

蠍座は八ハウスという、「生と死・愛情・性愛・精神」といったキーワードを持つ部屋を根城にしている星座だけに、**情深き人たちで、裏切ることを知らない人たち**です。

また、蠍座は母性の星座とも言われることもあるように、滅私奉公的な行動をしたり、仕事に就いたり、殉教者的な人生を送ったり、また私財を投じてＮＰＯやソーシャルアクティビティを起こしたりして、積極的に人間社会における凹を埋めようとする人たちでもあります。

実際に自分が、幼少期等に誰かに助けられた経験やヒーローもの等に影響を受けたりしたことから、医師、救急救命、獣医、整体師、弁護士、司法書士等、なんらかの国家資格等をとり、誰かを先生的な立場から救っていこうとする、救済の士となっていくことが多い人たちでもあります。

占いの本には、蠍座は頑固などと書かれることもありますが、そもそも蠍座の守護星・冥王星は「極」のパワーを持つ天体で、そのエネルギーを転写された蠍座はやること全てが極端になるきらいがあります。

徹底的にやり抜く気質・最後まで圧倒的なパワーや熱量でやりきる！　というところが、蠍座が頑固者であると評される理由かもしれません。

例えば、海外に行くとなったら、日本から一気にニューヨークやブラジルとか、また食事に行くとなったら近所の定食屋さんかミシュランスターのレストランといったように、あまりそのチョイスに「真ん中」とか「中庸」がないのが蠍座の特徴です。

魂の成長の過程で一つ前の部屋・天秤宮で「中庸」は経験してしまったので、真ん中・適当なところ・そこそこなものは、最初から蠍座にロックオンされることはないでしょう。

色にしても素材にしても場所にしてもなんでも極端！　**ピンとキリを体験して、限界を超えていくような体験をしたくて生まれてきた。それが蠍座の人たちなのです。**

その極端な性質は、趣味でも恋愛でもなんでも遺憾なく発揮されるので、一旦何かにはまると沼化するのが蠍座の人たちの特徴です。

筋トレでも料理でも、プロ級の道具を揃えて、最初はぎこちなくとも一年も経つ頃にはプロ級の技を披露したり、自らお店を持てるほどの腕前になったりもします。

極のエネルギーの名の通り、「極める」ことに関しては彼らの右に出るものはきっといないでしょう。

さらにユニークなことには、蠍座の人は正攻法のみならず裏道も脇道も全ての方法を使ってゴールを目指す人たちなので、一般の人たちでは考えられないような結果・成果物をこの世に生み出すこともあり、それが非常に特異な商品やサービスとして、実際に実装されたりすることもあるでしょう。

とはいえ、蠍座の人たちからしたら、それも探求の道を深掘りしたことから派生するスピンオフ（副産物）に過ぎません。

蠍座の人たちは、なにがなんでもその深みの極みにたどり着きたい人たち。その穴の深みから金塊が出てこようともダイヤモンドが発掘されようとも、それらも所詮は「湧いて出たもの」に過ぎず、蠍の壁を越えていくマインドを満たすものではありません。

蠍座というのは、真理や理を知るために全てに尽くす探求の使徒。

その人生を通して、「真理と愛の穴」を掘って掘って掘りまくる人たちなのです。

蠍座の才能

蠍座は、魚座、水瓶座と並び、十二星座の中で、三王星なる「人間界の力を超えた超越的なパワー」を授かった星座のうちの一角です。

蠍座がその背に持つのは「冥王星」。破壊と再生を促すとされる、冥王星のエネルギーの転生者、それが蠍座の人たちなのです。

その強力すぎるエネルギーから太陽と双璧を成す力を持つとも言われ、実際に私たちの人生や社会に大きな影響をもたらす最重要な天体でもあります。

太陽が朝・光・生きるということを司るとすると、冥王星は夜・闇・死を司ります。

「死」と聞くと、一見怖いイメージがありますが、タロットカードでも死神のカードというのは必ずしも悪い意味ではなく、「いいように生まれ変わる」とか「一旦クローズするけれど、それは良き再生のはじまり」と言われたりもするように、「節目」を表すものであり、ある縁の終焉《しゅうえん》を示したり、また、健全な新陳代謝やサイクルが行われていることを示すものでもあります。

私たちの体の中でも終始新しい細胞が生まれ、また古き細胞は死滅し、排泄されているように、常に私たちの体内でも生と死、破壊と再生は繰り返されているのです。

そして、人生には時に「あぁ〜変わりたいな」とか「キャリアを全く違うものに変えたいな」といった願望が生じるもの。

また、「なんなら生まれ変わったように別のことに目を向けてみたい」とか、レールチェンジや抜本的な生き方改革を望むこともあるでしょう。

そんな時に**「再生へと繋がるリセットスイッチ」を押せるのは、他でもない蠍座の人たちです。**

また、「人の人生や仕事・プロジェクト等々を大転換させる」なんて、そんな大それたことができるのは、胆力に秀でた蠍座の人たち以外にはいないのではないでしょうか。

蠍座は毒を持つと言われますが、それは実は一撃必殺の愛のスレッジハンマー。

とはいえ、そのハンマーは誰かを攻撃するものではなくて、不要なご縁やもう終わったもの、過去の因縁や変えていくべきものたちを冥府に送り返したり、再生へのスイッチを入れるために、蠍座の人たちが天から渡されている必殺武器なのです。

蠍座の愛

ホロスコープで蠍座の守る八ハウスと言われる場所。その部屋は「生と死、遺産、相続、タブー、精神、性、結婚後の夫婦（結婚生活）、霊魂」といったものを表すとされています。

実際に蠍座の人というのは、どこかに「浮世離れしたところ」を感じるのはこういった特色を持つハウスと縁深き星座だからでしょうか。

蠍座の人はよく色気があるとか、ともすると愛人に向いているなんて言われることもありますが、実際に蠍座の人は愛について多くのことを学ぶように人生のテーマを授かっている人が多いように思います。

例えば、外国人と結婚するとか、何度か結婚するとか、相手との年齢差やステータス差といったものがすごいとか、はたまたお互いに表には出せない秘密の恋をするとか、少し変わった性癖がある等、とにかく蠍座の愛の形、また人生で体験するその愛にまつわるストーリーやエピソードの量は、きっと他の星座の追随を許さないでしょう。

蠍座の独特の色気は異性同性問わず、なんなら「性」という次元さえも超えて、人を惹きつける磁力みたいなもの。１００％全ての蠍座の方にそれがあるとは言いきれませんが、蠍座の方たちは不思議と人を惹きつけてやまない力や雰囲気を持つ人たちです。

特に芸能人や人前に出る仕事の方は、太陽だけでなく、水星や金星等でいいので何かしらの個人天体を蠍座に持っていると、キャリア的にはプラスに働きます。

蠍座力とは引き寄せ力、引きつけ力であると考えればその理由は一目瞭然のはず。なんだかわからないけれど、「いいな〜、素敵だな〜、面白いな〜」と、周りに思ってもらえたりできるからです。

残酷な話ですが、たとえ実際には何も「圧倒的な強みとか特筆すべきところ」がなかったとしても、そういう風に深読みすらしてもらえる、そんなありがたい力が、蠍座の魅惑力なのです。

ちなみに、そんな独特な色気というか魅力を持つのが蠍座の人たちですが、チャームや色気という項目で双璧をなすのは魚座です。

蠍座が肉感的な官能をベースにする色気を持つとすれば、魚座は宇宙的愛というか、不思議な包容力を感じさせる星座です。

宇宙と繋がることにより得られる「3・5次元」の力を自由に使う魚座は変幻自在のトリックスターそのもの。ある時にはスターで、ある時にはピエロ、またある時にはアスリートにもなれてしまう、なんとも超越者的な変身・変容能力を持つ、不思議な引き寄せ力を持つ人たちなのです。

極端かもしれませんが、蠍座力が強いと「色気のある人」になり、魚座力が強いと「職業年齢属性不明の不思議ちゃん」のようになるのかもしれません。

蠍座の方は、とにもかくにも尽くし人。付き合う人たちを高揚させ、いい気持ちにさせてくれる、独特の魅力や磁力を持つのが蠍座の人です。

特に遠距離よりは近接戦闘でその力は最大出力を発揮しますから、友人知人のレベルでもその「旨味」は味わえますが、蠍座は「毒」を持つ星座なので、一度でも蠍座の異性と付き合うと男女問わず他の星座の人では物足りなくなるかもしれません。

それほど付き合う人を虜・中毒にさせるほどのスパイシーさ・魅力・深みを持つのが黄道最強の「沼」星座、蠍座なのです。

この世界は面白いもので、いつ来てもいいよと言われると結局行かなくなる会員制のスポーツジムもあれば、超限定商品やここから先は一般人は立ち入り禁止となっているとついその先が見たくなってしまったりと、意外とあべこべにできていて、それほどに人の心理というものは読みづらく、また、面白いものでもあります。

見てはいけない世界、または開けてはいけない禁断の扉。そういった「禁足地」に足を踏み入れてしまうとおそらくもう元に戻れないし、他では物足りなくなってしまうもの。

パートナーにそういった禁断の扉を開くような経験をさせてあげられるのが、蠍座の愛における最も特異なところだと言えるでしょう。

もともと蠍座は、「自己犠牲軸」が強く「尽くしがち」な星座です。

尽くすその対象は会社か組織か個人か子供かという差はあれど、**基本的には「誰かのために」**

が生きる原動力であり、底なしのパワーを導き出すためのトリガーとなっています。

ただし、運が悪いとその「自己犠牲力の高さ」から、ブラック企業の餌食になりやすく、また、巷に生息するダメ男なる属性の人たちの餌食になりやすい星座でもあります。

この方たちに受け止められないものはないのではないかな？　くらいの恐ろしい強さ・タフさ・忍耐力・受容力があるのが蠍座なので、一旦蠍座の人と信頼関係を築けたならば、世の中におけるタブーや裏側的な概念も、しっかりと一つの個性として受け止めてくれるはずです。

とはいえ蠍座にとっては、二人だけの世界を持つことが大事。その世界の中であれば何をしても受け入れる。

そんな懐の深さが蠍座の魅力ですが、不貞行為があった場合には、いつの日か、外敵に向けられるはずの毒の針が、愛する人へと向けられることになるやもしれません。

蠍座の成功

表立って見える世界をA面と仮定するなら、見えない世界はB面ということができます。

そして、B面＝裏側・裏面という風に解釈を広げていくならば、この社会は表裏一体、陰陽でなりたっているものなので、華やかな側があれば、危険物処理のような裏側も同時に存在しているものです。そして、そのB面とは蠍座が全面的に担当するものでもあります。

前述の通り、危険物処理的なことを任されたり、裏技を使って何かを治したり、復活させたり……蠍座とはそういう「マイナーケース」や人の世の持つ不条理・不均衡・不平等・不規則・闇の部分・裏側といったところを全面的に担当するので、そういったものに幼少期から触れ合う機会も多く、人の世には色々な価値観があるのだということを学んでいきます。

そして、人生の途中で実際に、そういった「裏側」的な仕事で成功を収めたり、最短コースで何かを軌道に乗せるショートカット的な事業を起こしたりと、正攻法やど真ん中ではない、どこか「やんちゃ」なやり方で一気に出世コース・成功コースのトップに躍り出ることになります。「ダークホース」なる言葉がありますが、あれはまさに蠍座のためにある言葉かもしれません。

また、蠍座は癒しと解毒、浄化の星でもあるので、ホスピタリティ・スピリチュアル・リラクゼーション・代替医療の分野などもその才能を生かせる場となります。

蠍座の方たちはもともと、そこに居るだけで人を癒してしまう修道女・神官のようなオーラを持ちますから、癒し・気配り・おもてなしの分野・領域では、周りからすれば喉から手が出るほど欲しい人材となれるはず。ただ、一点懸念するべきは蠍座特有の引き寄せ力・ブラックホールパワーが強く出すぎると、ストーカーやネットストーカー・度が過ぎたファンのような人たちを周囲に発生させてしまったり、変な嫉妬や犯罪予備軍をも招いてしまうので、労働環境やソーシャルメディアの使い方等には細心の注意を払う必要があるでしょう。

蠍座の魔力は「囲う」力を持つことです。ファンクラブ、会員制バー、上級会員向けラウンジ、オンラインサロン、秘密結社等、色々なコミュニティやクラブがこの世には存在していますが、そういった「囲い込み」や「集いの場」を作れることが蠍座の強みでもあります。**蠍座の織りなす世界、コミュニティは「囲まれているその世界観自体に独特の雰囲気やオーラ」があり、「聖域化」していく傾向があります。**またその「囲い」の中には独自のルールがあり、ここから先は侵しちゃいけないという「禁や掟」みたいなものもあったりもします。だからこそ、その世界に入ることにステータス性を感じたり、プレミアム感が出たりもするのです。そういう意味では昔の吉原や大奥みたいなもの、またその業界の独自のシステムも蠍座の世界観が色濃く出ている場所と言えるかもしれません。

めくるめくワンダーランド・蠍座の世界に入り込んだら最後、底なし沼のようになっていて、ほとんどの人はそこからなかなか出られないかもしれません。

そういった特性を生かして、一種の〝クローズドなコミュニティを作ること〟は蠍座の人たちが隠し持っている、また蠍座の人たちが持つ雰囲気、オーラがあるからこそ構築しうるものでもあると思うのです。

蠍座の人は自分ではあまりその意識はないかもしれません。

ただ、そういった「沼」を作る力が最大レベルに備わっているのが蠍座の人だけが持つ武器であり、才覚であり、もしかすると金のなる木ならぬ、金脈の沼と言えるのかもしれません。

蠍座のセンス

蠍座のセンスは不動宮に属する星座だけあって、非常に個性的というか個人的なもので、世の中のトレンド・流行り・諸々をチェックすること、取り入れることはあっても、それを「追いかける」ことは決してしません。

自分がいいと思ったものだけを取り入れるので、他者がどのように評価しようとも、また世間がどれだけ良いと言おうとも、自分には全く関係ないことのようにスルーできる、それが蠍座のアティテュード。それゆえ、自分の心・感覚が動かないことには全く食指が伸びないので、飽きない限り同じスタイル・ものをずーっと使い続けたり、キープすることも可能です。

十二星座中最も忍耐・継続力が強い蠍座は、「コロコロとスタイルを変えるなんて軟弱者のすることだ」ぐらい、ある一定のスタイル、はまりものを愛し続けることができる星座です。それぐらい定型を持ち続けること・愛着があることに対し真摯に向き合う蠍座は、一つのブランドやお店が気に入ったなら、そこに徹底的に通い詰めロイヤルカスタマーとなっていく傾向があります。

好きになるとそればかりが好き。決して浮気はしない。その意思の強さもまた蠍座の魅力であり、いつも変わらぬ佇まいやその人らしいキーエレメント・キーカラーであることも、蠍座のチャームでもあります。

蠍座の人たちは神聖なモチーフ、高尚なもの、お守り的なものが好きなので、アート、考古学的なもの、文学作品に由来するもの、パワーストーンやジンクス・タリスマン的な要素が入っているものに興味を持ったりコレクションしたりする人も多いかもしれません。

また、動物のサソリ自体がそういう色をしているからかはわかりませんが、オレンジ、黄色、キャメル、黒、グレー、赤、サンドベージュ、深紅色といった色が蠍座が好む色。寒色よりは暖かい色かシックな色を好む人が多いでしょう。

消費されるよりも蓄積されるものや時間が経っても価値が衰えないもの、また、直接的に誰かのためになるところ、目に見えるところよりも見えないところや経験にお金を使うことを良しとするので、インナー、クラシックカー、ヴィンテージグッズ、骨董品、家の中のアイテム、調理道具、バスグッズ、誰かの誕生日プレゼントや寄付・基金、留学や旅行等には、積極的に財布の紐を全開放できる、お金の使いどころを知っている人、それが蠍座の人たちです。

蠍座の体

蠍座は聖なる器です。それゆえ、不思議な表現かもしれませんが、神聖なる臓器・部位がその担当となります。

お寺でも神社でも、ご本尊やご神体は往々にして閉ざされた空間に隠されていて、滅多にご開帳とならないように、聖なるものとはその身を隠しているのが常ですが、人間の体においても覆われるべきもの・露出が避けられているところがありますが、そういったところすべてが蠍座の担当部位です。そして、その最たるものは生殖器・泌尿器・排泄器官でしょう。

また、女性の場合はこれに胸部全般も加わります。

基本的には蠍座の人は「器」の星座というぐらいですから耐久性が飛び抜けています。

それゆえ相当無理が利きますし、なんなら相当な毒（ストレスや過食等）を溜め込んでも活動可能なのですが、何かの糸が切れた時、我慢・キャパシティが限界に達した時、その溜め込まれたものが一気に己の体を蝕み、毒素が逆流！　などということにもなりかねませんので**ストレスマネジメントや定期的な毒抜き・ガス抜きは必須**となります。

蠍座は最も頑丈な星座のうちの一つですが、実はその過信が重大なことに繋がりやすいとも言えそうです。

また、容量が大きい器ほど空になったときに最大値まで充填するのに時間がかかるのはバスタブでもボトルでもなんでも一緒ですが、蠍座とは十二星座一の容量の大きさを持つもの。空にしてしまうと復活までに時間がかかるのでこまめに体調、気力の残量チェックをすることが必要です。特に放っておくとおおごとになりやすい部位・臓器には注意が必要で、そういう臓器は慢性疾患にも繋がりやすいことから、定期的に専門家にかかるなどしてチェックしていくといいかもしれません。

蠍座は水の星座ということ、そして癒しを担当する部屋を管轄することから、代替医療と相性がいい人が多い印象があります。エッセンシャルオイルや波動療法、ホメオパシー、ファスティングの習慣、酵素、漢方、薬膳等に興味がある人やすでに取り入れている人も多いかもしれません。食べ物は味噌・納豆など発酵食品全般、魚介類、スープ類、ざくろ、いちじく、びわ等が好相性で、全体をいただけるホールフーズが良いでしょう。また、吸収率の良い体を持つ人たちなので、量よりも密度、エネルギーの塊感を感じるものを摂取していくといいかもしれません。

また、**「守るべきもの」があれば死ぬほど頑張れる！**というのは蠍座の特徴ですが、本当に死んでしまっては元も子もありませんから、気力で持たせるのもほどほどに。適度にお休みをとりながら日々の生活を楽しみましょう。

No-9

射手座

11／22～12／21生まれ

「自由」という言葉が一番似合う人、それが射手座の人たちです。

森の賢人・ケンタウロスが転生したようなエネルギーを持ち、冒険を愛し、所狭しと世界を飛び回る、知の巨人。

無限に広がる知のワンダーランド・地球を隅々まで見て回りたいと渇望する旅人で、その命に宿る旅人の宿命は、射手座のあなたをひとところに留まらせることを良しとしないでしょう。

また、射手座は優れた文章家でもあります。

時にリアルに、またミステリアスに、なんならファンタジー色溢れるものもさらりと書きあげることもできるでしょう。

常人ではとても想像できないようなフューチャースケープやストーリー展開など、射手座の持つ想像力・構成力は天性のものですが、それに前述の〝冒険の経験値〟が加わると鬼に金棒。

十二星座の中でも他の星座の追随を許さないほどのストーリーテラー、ノベリストとして輝きを発揮します。

冒険・旅とは〝まだ見ぬ世界を楽しむこと〟のメタファーでもあります。

射手座とはまだ見ぬ世界を冒険する人たちでもあり、また、まだ見ぬ未来や現実には起こらないような、まさにＳＦ的な世界を文学とかアートとかの文脈に乗せてこの世に展開しうる特殊能力を持つ、〝ヴィジョナリー〟と言える人たちのことなのかもしれません。

射手座の世界観

十二宮のエース、射手座

射手座は、黄道十二星座の九番目で木星を守護星とする星座です。

射手座は頭の回転が早く、運動神経も抜群で、学術的研究心も旺盛。

また、勇敢な冒険心があるので世界を旅する探検家でもあります。

いくら木星が全知全能の神ゼウスのエネルギーを転写した最高神的な星だからといって、「全てに秀でるなんてちょっとずるいのでは？」と思われるほど、オールラウンダー的な要素・気質を持つ星座なのです。

そんなオールマイティかつオール5の成績簿を持つような人たち・射手座は、全部が「良」なために特徴が摑みにくい星座とも言えるのですが、射手座を多角的、且つ奥深く分析していくと、射手座らしさというもの・射手座の根幹は、木星とケンタウロスという全く異なる二つのものからできていることがわかります。

最高神・ゼウスの星とも言われる木星が射手座の守護星で、占星術ではルーラーや支配星と言われているものです。

ちなみに各惑星には担当とかキーワードが割り当てられているのですが、木星のそれは「拡大・拡張」といったもの。

ビジネス的に言うと「新規開拓とか店舗の拡張」、もっとシンプルに表すならば、「成長に必要なエネルギー」とも言えます。

「ラッキースター」と呼ばれたりすることもある木星ですが、それは「拡大や飛躍をもたらし、事業や成長に繋がるエネルギーを振りまく」その特性が原因・所以かもしれません。

そういった「成長と拡大」のエネルギーをその身に宿して生まれてきた存在、射手座。

そんな「成長の伴走者であり、拡大・拡張の使徒」とも言える射手座ですから、物事の吸収・習得・習熟が早いのは当然のこと。

それに加え、ナチュラルボーン賢者（生まれながらに賢者）でもあるので、射手座の子供や新入社員・新人はあっという間に「できる子」になっていきます。

賢者でありスピード感溢れる射手座は、学習速度、習得のスピードが速く、結果を出せることも相まって、学生時代や青年期にはリーダー的なポジションを務めることも多いでしょう。

本人が望むと望まざるとにかかわらず「できる人」認定され、仕切り役を任されたりもしますが、天性の賢者でもある射手座の人たちは、それをプラスのチャレンジと捉え、弱音を吐かずに与えられた課題・役割をきっちりと果たしていくでしょう。

精神的にも安定していて、やるべきことはしっかりやるので、自然と役職者になりがちな人たちでもあります。人生のステージや組織やチームにあわせ、学級委員、理事、キャプテン、役員といった居場所が用意されていくのも「十二宮のエース」たる射手座の宿命と言えるのではないでしょうか。

前述の通り、射手座の人は馬の機動力と賢者の叡智と弓矢という武器を持っていることから、スペック的に言うとおそらく十二星座の中でも最強クラスです。

ただ、最強となり、その力が神の領域に近づいていくと、人間からはどんどん離れていって、心ある人間性を失っていくことにもなりかねません。

人間の世界にもよくあることですが、「強者ほど弱者の気持ちは理解できない」といったように、自分に力があるがゆえに寄り添いたい人に寄り添えなかったり、寄り添おうとすると「あなたには理解できない」とか「あなたにはわからない」と言われてしまったり……。

マリー・アントワネットがフランス革命時、「パンがなければケーキを食べればいいじゃない」と言ったという逸話が残っていますが、それが本当かどうか真偽のほどはさておき、射手座の人はどこかそういった浮世離れしたところがあります。

力あるもの、生まれた時から優秀なものは、そうじゃない人たちのことがわかりづらいもの。色々と想像することはできるかもしれません。

そして共に過ごすことも寄り添うこともできるかもしれませんが、「経験する」ことと想像することの間には天地ほどの差があります。

射手座の人は「力ありし者」であるがゆえに、そうでない者のことが分かりづらい星座。十二宮のエースたる射手座が持っている「弱点」、もしそんなものがあるなら、それはきっと「凹み」がないということかもしれません。

射手座と神話のシンボル

射手座は半人半馬のケンタウロス、賢者ケイロンが矢をつがえる姿で描かれていて、神話の世界の設定では弓と狩りと医学に優れるとされています。

また、ヘラクレスやカストル等、神話の中の英雄たちの師匠であるとも言われ、「先生像」をイメージとして持つ星座でもあります。

ホロスコープでは各天体や各サイン（星座）はマーク・アイコンで示されることもありますが、

射手座のシンボルは「矢」で表されます。

皆様ご存じのように、弓から一度放たれた矢はブーメランのように戻ってくることも回収されることもなく、ただ一直線にターゲットに向かって飛んでいく性質を持つものです。

「シンプルにすばやく、目標に向かって飛ぶ」

この矢こそ射手座の在り方が凝縮されたものであり、射手座性そのものです。

「自分がこうと決めたら、何がなんでもやりぬく」（その裏でどんな犠牲があったとしても）。自分の好奇心や関心、探究心が全てのものに最優先とされることから「矢」というのは気持ちいいほどに射手座の本質を表しているのです。

実際に射手座の人たちを観察していくと、好きになると周りが全く見えなくなったり、一点集中の集中度合いが抜きん出ている人が多いように思います。

家族や周りを放り出しても、自分の研究やライフワークに没頭し、もちろん結果も出すのですが、その分周りを振り回したりもしがち。

ある分野では突出した結果を出すかと思えば、またあるところでは完全に無頓着だったりと、色々な意味でアンバランスなところがあるのが、射手座のチャーミングなところです。

そこにまた、射手座の賢者だけれどもどこかちぐはぐな「人間らしさ」が垣間見られたりもして、神話の世界でもみんなのヒーローだった賢者ケイロンの血を継ぐ血統はこうしてここでもまた顔を出し、人間界でもチャーミングな英雄と化していくのです。

憎めない星座ナンバーワン・射手座。

すごくできる人たちなのだけれどどこかが抜けている。

そんな、どこかちぐはぐなエースの姿を目にするたびに、周囲の人たちはぐっと彼らに心を摑まれ、気づいたらファンになっている。

射手座とはそんな憎めない人たちなのです。

射手座性を育てる三つの要素

射手座は「賢者」の星座です。

賢者ケイロンの血統を継ぐ射手座の人たちは、おそらく小さい時からその天才性を発揮し始めるでしょう。

そしてそのさまはまさにボーダーレス＆リミットレスで、幼少期からプロのコーチをつけないといけないほどにスポーツに秀でていたり、大人顔負けの読書家だったり、飛び級させたくなるほどの学力やＩＱを見せたりする人もいるでしょう。

また、射手座が外国や旅をキーワードに持つ星座であることから、小さい頃から英語等の外国語が得意だったり、はたまた中学や高校から留学したりと、具体的に外国との接点を持っていく人もいたりして、周りを驚かせる秀でた才を持つ人たちがとにかく多いのが射手座の生まれです。

射手座というのは地頭の良い星座ナンバーワンで、勉学はもちろん、歌ってよし、踊ってよし、しゃべってよし！ といった学習・運動・理解力を持ち、十二星座の中でも、最も秀でた総合力・オールマイティな力を持ちます。

学術的センスの塊のような射手座の力を更に伸ばすには、何をすればいいか。

何をしたら射手座の子供、人は能力を発揮できるのか。

それには大きく分けて三つのことが必要です。

一つ目はまず目標の設定です。

射手座のシンボル・アイコンは「矢」というのは先ほど述べた通りですが、矢というのは目標がないとどこに向かって飛んでいけばいいのか、どこを目指せばいいのかがわからないと放たれないものです。

射手座にとっては、よくわからないけど頑張るというのはなかなか難しいこと。いくら貯めるとか○○点をとるとか目先の利益・数字目標でもいいので、射手座の人はなんらかのターゲット設定をすることでそのエンジンをフル回転させることができます。

目標志向型の星座の代表格の射手座はその人生において常に目標・ゴールをその視界に入れておくこと、脳裏にインプットしておくことがその恵まれた才覚やポテンシャルを発揮することに直結しているのです。

二つ目はコーチや先生との出会いです。

射手座はケンタウロス族の長・ケイロンがシンボルとなっていることから、自分自身が師匠となっていくこと、先生と言われるような仕事に就いたりリーダー的な役割を担うことが多い星座です。

そのため、目指すべき座標として「お師匠様」や「憧れの人」もしくは、メンターのような人を必要とすることが多く、実際にそういった出会いが射手座の人の人生を大きく変えていきます。アスリートとトレーナー、アーティストとマネージャー・プロモーター等、タッグを組み、背中を預けることで、心置きなく狩り・冒険に集中できるのです。

また、そういった先生的な人を持つことで「射手座特有の暴走癖」が収まるということもあります。

射手座はともすると暴走、独断専行しがちな星座です。そういった射手座の乱をしっかり抑えて、しかるべき方向に導いてくれる先生・師匠・リーダーの存在は射手座の人生に大きな影響を与えるに違いありません。

射手座の天才性・希少性を見抜くことに長けた優秀な師や先生と幼少期・青年期に出会い、学びの基礎・学ぶことの楽しさを習得できれば、射手座の人の人生はとても豊かで濃密なものになっていくはずです。

最後、三つ目は外的刺激です。

射手座は外へ外へと意識が向かう星座です。内に籠るばかりで何もしないとか、外的な刺激、特に学術的なもの・好奇心が刺激されるものがない環境ではストレスが溜まり、意欲ややる気も萎《な》えていくばかり。

ということは、その逆の環境に身を置ければ「射手座性」のようなものが強く出て、本来の賢者的才能が世に出ていくことへと繋がっていくはず。美術館や博物館、展示会やオペラ・観劇等で本物に触れることも射手座の感性を磨く上では重要で射手座の成長に欠かせない知的栄養源だと言えます。

また、青年期には海外や遠方に旅に出るとか、外国に留学することも良い刺激となります。なんならそのまま海外に居ついてしまうというのも射手座の人にはありがちな選択かもしれません。

あとは人は環境により作られるとも言いますが、射手座の場合は目標さえ設定してしまえば一人でもゴールに向けて頑張れる人たちではありますが、とはいえ、ライバルたちや外的な刺激をくれる人たちは必要なので、塾や学校、スポーツクラブでもレベルが高いところ、校風が合うところ、専門性が際立っているところに通ったり在籍するほうが成長が早いはず。

十二宮一の冒険家である射手座にとっては、壁は高ければ高いほうが燃えるもの。人馬一体となった星座である射手座にとってはジャンプして乗り越えるハードルは高ければ高いほうが良く、むしろそこに攻略甲斐・やり甲斐を感じて燃えてくるのが射手座の人たちなのです。

射手座の魂に刻まれたもの

射手座はとてもピュアな星座です。

それゆえその旺盛な探究心の裏には、一切の「下心」がありません。どんどん森の中に入り冒険を楽しんでいく子供のように、ただ純粋に「まだ見ぬ景色が見たいから・誰もやっていないことをやってみたいから・自分の好奇心を満足させたいから」、日々の研究や探求、または冒険に全身全霊で打ち込めるのです。

好きなことをすれば老けにくいなんて巷ではよく言われていますが、その証拠に射手座の人は、ある一定の年齢を超えるとまさに年齢不詳になる人が多いように思われます。

きっとそれはいいクリームを使っているからでも運動をしているからでもなく（もちろんそれらの効果もあるとは思いますが）、好きなことに全集中しているからではないでしょうか。

学問・芸術等にのめり込み、新発明・新開発・新発見等をしていく。

その道の第一人者になるために生を受けた生粋の冒険家であり探検者である射手座は、**地位とか利権といった副産物的なものにはこだわらない傾向があります。**

ただ純粋に「ワクワクに従ってまだ見ぬものを見つける・この世界を冒険しつづける」ことこそが、射手座にとって最大の報酬でありリターンであるからです。

ちなみに、現世的な「権利」よりも新発明、発見、到達、達成等により、「名が残る」ことのほうが射手座の人にとってはより大きな「報酬」で、なによりも冒険の証と言えるものでしょう。

実際に論文、小説、ドキュメンタリー、脚本、原作、辞典の編纂《へんさん》等でどこかにその名を刻まれている射手座の人は多く、スクリプターやストーリーテラーとしての才は他の星座たちをはるかに凌《りょう》駕《が》しています。

射手座はこの世には財物は残さないかもしれません。

ただ、人生をかけて得た叡智と冒険の足跡を人の世のどこかに「言葉や物語」として残していく傾向があるのは射手座の人たちが、「蹄《ひづめ》」を持ち半人半馬の姿を持つ、世界を駆け回る賢者たちだからでしょうか。

射手座が人生で目指すもの

射手座は火のエレメントの星座です。

火の星座は前述のように、チャッカマンのように何かに「火を灯していく」とか「明かりや熱を供給する」ような役割があります。

牡羊座の人が誰かの個性が生きるようなスイッチを入れていき、獅子座の人が多くの人たちに生きる勇気や活力をエンパワメントしていくように、**射手座の人は人生を通して得られた〝叡智・哲学・経験〟をシェアすることで世が向かう先を示す灯台となったり、希望の光を灯す役割を持っています。**

そういう特性があるため、射手座の人たちは常にどこか斜め上のところに目標とかゴールを置いて行動している印象を受けます。

例えば小学校の算数の授業中ですら、目の前にあるのは小学校の算数なのに将来受けることになる大学での数学の講義を妄想するような、そんな不思議な少年・少女時代を過ごした人もきっと少なくないのでは？

また、多くのクラスメイトが放課後にどこかに遊びに行ったりしているのに、自分は（将来のために）習い事に行ったり、家庭教師の先生についたりと、なぜか今を生きているというよりも少し先の未来のほうに視線が向いているような、どこか他とは違う不思議なタイムラインを歩んでいるような人も多いかもしれません。

そういった射手座の生態自体は、「未来目線」をもともと持たされているからこそ起こること。そして未来目線で物事を見ているからこそ、世界的な発見・発明をしたりだとか、人類の知の地平・領域を拡大することが可能なのだと思います。

射手座の性質

射手座の基本性格

射手座の人は火のエレメントに属することもあり、カラッとしていて陽気な雰囲気を持つ人たちです。

休みの日には必ずどこかに出かけると言っていいほど行動派で、車や自転車が大好きだったり、電車・飛行機などモビリティにもご縁があり、ターミナル駅や空港が好きという人も多いかもしれません。

ギリシャ神話でもケンタウロス族のケイロンが賢者であり先生だったように、**学術的なことや文化芸術を愛する人たちで、実生活でも、研究や医学、哲学や考古学等、アカデミックなことを仕事にしていたり、その道の嗜《たしな》みがあったりと、まさに先生・師匠・先達の世界との所縁《ゆかり》のある生まれ**だと言えます。

また、基本的には「NO」と言わない印象を受けますが、実は要らないご縁やお誘いをさらりとかわすのも射手座の十八番。

　人付き合いに関しては基本的には裏のない明るい付き合いを望みますし平和主義者ですが、「去るもの追わず、来るもの拒まず」な人たちなので、「去っていくものを追いかける」なんていうことは、射手座の辞書にはない概念のはずです。


　旅や冒険を好むところがあるので、旅行・研究仲間を作ることは容易で、ゴールを共にすることで絆を深めたり、仲間意識が強まることも。

　そして、その関係やその周辺からのご縁で結婚へと繋がることもあるやもしれません。

　射手座にとっては「目標や意義」といったことは重要なことであり、「ただ、なんとなく」一緒にいるとかぐうたらにダラダラ過ごすというのは射手座らしさの真逆とも言えるライフスタイルです。

　余暇の過ごし方で、たとえ体は動いていなくても、なんならソファに横になっているときですら頭の中は高速回転！　休憩中でさえ、古代ギリシャの哲学者のように色々な思索に興じているのが、「森の賢者」でもある射手座の人の生きる基本姿勢であり生態なのでしょう。

射手座の才能

「I understand（我は理解する）」をテーマに持つ射手座は、常に真理を理解し、本質を掴んでいくことにそのエネルギーを注いでいます。

柔軟宮にカテゴライズされる射手座は多角的に物事を見ていくので、一つの物事に対するアプローチが非常にフレキシブルです。

シンプルな事象に対しても、まるで論文でも書くのかといった具合に仮説をいくつも立てていきますし、反対意見に対しても決して感情的にリアクション・ジャッジすることがありません。「大学における論文発表の場」のような感じで、言葉のやり取り、思想の交換を楽しむので、ソクラテスやアリストテレスといったギリシャの賢人たちが現代によみがえったかのような佇まいを感じさせる人たちでもあります。

また、射手座は多才なので、何をやらせても人並み以上にできてしまいますが（またできないことがあればそれは射手座のインテリジェンスを駆使して「できるようにしてしまう」ところが射手座のすごいところです）、射手座の最大の才能・武器というものがあるとすれば、それは飽くなき探究心ではないでしょうか。

本来、知の探求とは終わりがないものです。

この世界は広く、地球は果てしない冒険の舞台。

これから人類は宇宙へと活動のフィールドを広げていくことを考えるとその領域はもはや無限大で、人の好奇心は何度生まれ変わっても、きっと満足の域に達することはありえないのではないでしょうか。


外的世界を見回しても広大な冒険のフィールドが我々人間には与えられていますが、内的世界も同様に無限の広がりを見せます。

例えば、最先端の脳研究の世界でも、まだ脳について30%程度しか解明されていないとされています。これはただの一例に過ぎませんが、こうして見ていくと科学全盛のこの時代でも、私たち人間は自らの内臓のこと、自分たちの体のことですら、まだ知らないことだらけなのです。

このように広い世界のみならず、身近なところにも未開の地が広がっていて、それが私たちの生きるこの地球です。

そして、それら**未開の地や未到達のところにフォーカスを当て、冒険の地として捉え、深く、そして思い切りよく突き進んで行けるのが射手座の人たち**です。

答えがあるのかないのかわからない。

存命中に結果が出るかどうかもわからない。

そんな壮大な命題に向かい、見返りなどそっちのけで、日々、命の火を燃やし続ける。

それができるのが射手座の人たちであり、この開拓者的なところが他の星座たちと射手座が一線を画すところであり、また、射手座が勇者・冒険者的と言われる所以かもしれません。

射手座の探究心とは高みを目指していくものであり、密度を上げていくもの。

対角線上にある双子座の特徴でもあるクロスボーダー的な横の動きではなく、徹底的な縦の動き、専門性を高めていくのが射手座の動き方です。

そしてそれを突き詰めていくと、「エキスパート」と言われる域まで進化していくことになります。

射手座は目標志向、目標設定型の方たちで、一点集中主義の星座でもあるので、当然その集中力は折り紙付き。

「気が散る」なんていうことはあまりなく、そのことから小さい頃から学力でも上位にいきやすく、基本的に成績優秀者で通っているはず。幼少期から探究心、好奇心が強いので、勉強・学びというものに対する親和性が非常に高い上に、運動神経も高めで安定していることから、射手座ほど「文武両道」という言葉がぴったりな星座はありません。

学校の帰り道等で、牡牛座だったら快楽優先で「お菓子が食べたい」とか「ゲームしたい」と思ったり、天秤座なら「友達と遊びに行く」「みんなが見ているドラマや人気番組はチェックしなきゃ」といった風になるところ、射手座は周りに流されないので、「習い事があるから帰る」とか、「今日はテレビ見れない日だからごめんね」などと如何なるお誘いもお断りできてしまうはず。

ただ、付き合いが良くなかったとしても、成績面等で非の打ち所がないところがあり周囲から常に一目置かれていて、明るい性格もプラスに働き、「ああ、あいつはしょうがないよね」などと不思議と別格扱いされたりもするはず。

そういった点ではドライな射手座は人間関係においてはあまり損をしない、むしろ得をするところが多い星座と言えるかもしれません。

また、生来の賢者の資質から研究心・探究心が旺盛なので、比較的早い段階で頭角を現してくると、いわゆる「神童化」することもあります。

好奇心の塊なので、「調べる、身につく、調べる」のオート・ラーニング・マシーンみたいなルーティーンが構築されると、射手座はある意味「無双化」します。

ただ、あまりに小さい頃から神がかりすぎると、周りとの違いや過度な期待から浮世離れしてくることもあるので、社会勉強や世間一般のこともしっかりとどこかで経験することも必要です。皇室の方々も国内の大学や一般の学校に通われるように、「世間を広く知る」ことも、特定分野のエリートで視野が狭くなりがちな射手座には、必修科目と言えるかもしれません。

ケンタウロスの特技は狩りであると言われるように、射手座は生来の冒険心の強さから、通常習う教科やノルマ的なもの以外にも興味の範囲は及び、インディーズ・マイナーなこと・前衛的な思想や最先端の科学や理論にも食指が伸びていく傾向があります。

特に言語学、宗教学、文化人類学、宇宙天文学、考古学、ＵＦＯや宇宙等の研究や哲学に強い適性を示し、学問的に答えがなかなか出ないようなところだと、更に射手座マインドが刺激されて、その力が一気に解放されたりするかもしれません。

射手座の愛

射手座、その本質は光。

火のエレメント三人衆（牡羊座・獅子座・射手座）の最後のオオトリを担う星座だけあって、射手座が放つ光は非常に強いものです。

オールマイティ感が溢れ、何でもできて明るい射手座の本質・才能に多くの人は憧れを抱き、また実際にファン・信奉者も多くいることと思います。

太陽のように距離感がしっかりしていれば問題はないのですが、強すぎる光は近くに寄りすぎると愛する存在たちをその熱で「燃やしてしまう」という可能性も生じます。たとえが残酷かもしれませんが、夏の夜にお店の店先等で光る青い虫除けの光。あの光に吸い寄せられて寄ってくる虫たちはその光に触れてしまうや否や、ばちん！　という音とともに地に落ちてしまうのです。

「種火の牡羊座」「陽光の獅子座」そして「光の射手座」。

射手座の力でもある「光」、世を明るく照らすガイド灯として輝くその力は、チーム、組織、コミュニティ、仲間たちのために道を照らす導きの光になることができます。

また、誰かに急速エナジー充電を施す明かりにもなれるのですが、ほのかに明るい常夜灯のような光になれるかというと、実はかなり難しいのではないかと思います。

恋愛における男女の脳の違い、それについて解説した有名な一説に「男は相談に対して建設的なソリューションやアドバイスをする傾向があり、女は相談をすることでガス抜きをし、ただ相《あい》槌《づち》を打ってもらったり、聞いてもらいたいだけであって、特段、具体的な策を講じてほしいわけではない」というものがあります。

これに当てはめて言うならば、射手座の場合は男女問わず、もともとアドバイザー・コンサル気質を持つために、後者のような情緒のみの若干ウェットとも言える交流はスルーしたいと感じる傾向があるのではないでしょうか。ロジカルでドライな射手座は、どちらかというと、建設的ではないことに時間を使うことを苦手とするはずです。

恋愛相談にのることや誰かの人生を向上させることに時間やエネルギーを使うことはできても、決して「何の意味があるのかわからないグダグダよもやま話」に付き合っている余力はない、というのが射手座のドライさを感じるところかと思いますがいかがでしょうか。

射手座は光と冒頭にお伝えしたように、実際に射手座はまばゆく光る人たちで嫌味なところもダークな成分もないので、広い範囲の人たちから視線を集め人気を得られますが、実際に付き合える人たちというのは実はかなり限定的。

強烈な光も同等の光に対してはコンプレックスを抱かないように、相手を選ぶ際は同じように強い光を持つ人となる傾向があり、そしてそのほうが関係もスムーズです。

お医者さん同士での結婚とか大学教員や特別職同士で結婚されている方々が見られますが、あれは高確率で射手座同士なのでは？　とリサーチしてみたくなるほどです。

また、結婚とかパートナーシップ自体も少々スペシャルなもののほうが射手座にはフィットしている暗示があります。週末婚とか通い婚、もしくはラボ等が同じで同志に近いようなパートナーであるとか、少し普通とは違う**規格外の愛情表現・距離感というのが射手座にとっての適正距離であり、最も適した愛の形なのかもしれません。**

射手座の成功

拡大と発展の星・木星は、占星術の世界では「幸運の星・ラッキースター」などと言われることがあります。

その木星の守護を受け、拡大発展の力を持たされている射手座の人たちは、生まれながらのラッキーピープル。

実際に射手座の人が仕切るプロジェクトは大きく飛躍したり、華々しい結果をもたらしたり、主宰・所属するラボが新発明・発見を生み出したりといったこともあるでしょう。

拡大・倍増・開拓をしていくというエネルギーを転写された射手座は、周囲と己自身にも「なんでも×2にしてしまう」、まるで掛け算のようなエネルギーを振りまきます。

成果・結果を倍加する装置であり、人生のブースターのようなパワーを持つ射手座は、周囲にとっては非常にありがたい存在です。

また、射手座の本質として「真理・叡智の探求」といったものがあるので、まだ見ぬ世界を知りうる時、新しい何かを発見した時、前人未到の何かに足を踏み入れた時、きっと射手座の魂は喜びと感動に震えるはず。

本で学んだり辞書で言葉や概念を覚えたり、学会・セミナー等で学ぶことも射手座の心や頭に潤いをもたらしてはくれますが、**最も射手座が輝き、一番エネルギッシュになれるのは「新しい何か」に向き合う時。**

新しいシステム、働き方、学術的研究、医療における術式、数学の新しい定理等、まだ見ぬ世界があり、そしてそこに扉があるのなら、射手座はどんどんその閉ざされた扉を開きたい人たちなのです。

射手座のセンス

射手座のアクション・行動には、ありとあらゆるところにロジックが見え隠れするものです。

射手座は拡大の星の影響なのか「出す」ことが多い星座なので、基本的にはプレゼントや手土産等、ものをあげる機会も多いはず。

その際、センスの良い本・写真集や名作と言える文芸作品、芸術的なピース、こだわりの一品をギフトに選ぶ射手座の人はきっと多いのではないでしょうか。

天秤座等ならばトレンドのものを選んだり、今最も人気がある○○を選びがちですが、射手座はマイペースなので自分の趣味に反したものや理解できない世界のものは手土産には選びません。テリトリー外のことには手を出さないところ・衝動や適当なところで手打ちにしないところは、またなんとも賢者らしさを感じるところではないかと思います。

そのため、お誕生日のプレゼントや重要なギフトは「ただなんとなくよかったからあげる」とかはありえず、「以前シェイクスピアがお好きとおっしゃっていましたよね」とか「○○というチームのファンだとお聞きしたので」などと必ずどこかにフックや紐付け、理論があるのが射手座流。

また、ファッションやスタイリングにおいても、牡牛座や天秤座の人が持つような天性のファッションセンスや本物を見抜く審美眼というのは射手座の組成・基本設定には組み込まれていませんが、徹底的なリサーチと努力と情報収集を重ねることにより「センスの良い感じ」を自らの地肉にしていくのが射手座の特徴です。

ただし、そういったファッション的なところや外見的なところにエネルギーを注ぐのは、その必要性がある場合のみ。

ファッションセンスや着飾ることがあまり必要ない職場、環境等に置かれた場合は「自らの内側から出る美しいものを欲する願望」よりは真実を知りたい、目の前の壁の向こうにあるものを見てみたいといった欲求が勝る傾向があるので、どうしてもファッション的なところはおざなりになりがち。

その結果、**射手座の人が行き着くところは、機能性ウェアやセンス良く見えるユーティリティ性の高いものや鉄板とも言えるアイテム**のはず。

また、昔から愛用しているブランドから浮気せず、その都度その都度買い足したりして過ごしたりすることも無駄を嫌う射手座のライフスタイルとマッチします。

インテリアや内装、生活環境においても、ロジカルであることや整理整頓されていること、すっきりしていることが重要なので、いらないものは感情面にとらわれることなくサラッと整理していけるはずです。

射手座の体

射手座は、もともと屈強なアスリート体質を持つ星座です。

半人半馬のエネルギーが転写され、アーチャー（弓使い）とも言われるぐらいですから運動神経・能力に優れるのは当然ですが、根っからの外に出たいマインドがいい意味で射手座のマインドを刺激して、旅やゴルフ、トライアスロン、トレッキング・登山、トレイルラン等に勤しんだりして、更にそのアスリート的なところに磨きがかかります。

占星術の世界では、射手座の弱点は肝臓・胆嚢系と言われていて、これらは西洋医学的には「解毒」の臓器とされています。

射手座が星座として天に上がった理由も毒矢がささったことによるものなので、「毒」というのは実は蠍座だけではなく射手座にも縁深きキーワードなのかもしれません。

肝心要の肝と腎なんて言われるように、肝臓が弱ると連動して腎臓にもダメージが蓄積されがちなので、射手座の人はできるだけ早寝を心がけると良いでしょう。

また、肝臓は目と繋がっていることから目の疾患にもご縁が深そうなのが、射手座の人の特徴でもあります。

若い時分には目が良くても早い段階で老眼になったり、また近視・乱視と併発したりしがちなので、食材としてはブルーベリーやしじみ、ターメリックといった目とか肝機能によさそうな食材・スパイスをいただくと眼病予防となり、体調も管理しやすいかもしれません。

また、柑橘系も肝臓に負担がきやすい射手座には良い食材です。ジュースや生で積極的にいただいたり、柑橘系のアロマオイル等で嗅覚から取り入れるのもいいかもしれません。

そして山菜やキノコ類も射手座には好相性な食べ物です。

ジビエもそうですが、山でとれるもの、また、山自体は射手座の「宝箱でもあり薬箱」でもあります。

体調がすぐれない時は森林浴とか森にある湖の畔《ほとり》で過ごすとか、森との関係を持ってみるのもいいかもしれません。

No-10

山羊座

12／22～1／20生まれ

十二星座中最も高い頂に達することができる星座である山羊座は、社会を突き進むために、聖剣を持つことが必要です。

人生の渦中でオンリーワンとも言える地金を見つけ、それを徹底的に精錬し、絶対に折れない聖なる武器へと鍛え上げていく。それが山羊座の人生序・中盤における最重要課題です。

そのため、その精錬過程において山羊座の人は、舞い上がる火の粉に火傷を負ったり、槌を振るい続けることによる筋肉疲労や炎症等に苦しむことになるかもしれません。

ただ、その経験も実は山羊座の人生においては宝物とも言えるもののはず。

なぜなら、そうすることによって身についた筋肉や仕事に向き合う姿勢は、一生ものの財産としてあなたから離れていくことは二度とないからです。

また、山羊座の人は、力による圧政、貧しさ、特異な環境、病弱な体等をもって生まれたり、厳しい境遇を与えられることがあります。

それもすべては〝力強きもの〟になっていく経験をさせるため。

困難を乗りこえていくことで〝圧倒的な自信〟を身につけさせるために起こることなのです。

神の愛とは時に過酷。

でも、その愛の鞭に応えたい、その試練をやり抜きたい、と天界で挙手した勇敢な人たち。

それが山羊座の人としてこの世に生を受けた人たちだろうと思うのです。

山羊座の世界観

動物の山羊との関係性

　山羊座というとそのイメージは紙を食べるとされる山羊を連想されるかもしれませんが、実は山羊座の山羊というのは、草原で草を食《は》むおとなしい山羊というよりは、山に住むカモシカのほうが山羊座本来の性質に近いかと思います。

　山岳地帯にすみ、他の動物たちが登れないような垂直に近い絶壁も、特異な蹄でグリップして頂上を目指し登ることも降りることもできる健脚の持ち主で、その優しそうなヴィジュアルとは裏腹に、山岳地帯のあるエリアの主のような仙人的な動物がカモシカであり、十番目の宮・磨羯《まかつ》宮《きゅう》・山羊座のシンボルであります。

　そのカモシカなる山の主のような動物とその生態に紐づけられるように、山羊座の人生は山岳地帯で繰り広げられるストーリーのため、当然、山あり谷あり難所ありのハードなものとなります。

カモシカは鳥たちや一部の限られた種しかたどり着けない領域で生まれ育つので、一旦人里に下りてきたり、下山したとしても自分の目指すところはそこにはないことに気づき、また険しい山に戻ってしまうので、草木もあまり生えない閉ざされた世界で共に過ごす仲間というのは本来はそう多くはないのかもしれません。

地球で言うならば、ヒマラヤやキリマンジャロの岩山のようなフィールド。当然そんな険しいところに登頂することができる人は限られた人たちだけです。

偉業を成したものだけが達することができるとされる勝者の丘、その頂に登ることを人生の目的に据えているのが山羊座の人たちです。

そして、そういった険しい頂に登ること・挑戦することが、彼らのパワーを最大限引き出すためのトリガーでもあるのです。

山羊座の魂に刻まれたもの

一番手の牡羊座から始まって、十二番目の魚座で完結する獣帯《じゅうたい》とも言われる黄道十二星座には、それぞれ独自の能力や才能が持たされています。

例えば、牡羊座は突破力、牡牛座は審美眼、双子座は会話術、蟹座は包容力、獅子座は英雄の心、乙女座は設計・構築の才、天秤座はキラキラの魔法、蠍座は錬金術、射手座は冒険心……と神様は色々な才能を各星座に授けてきましたが、十番目の山羊座の順番が来た時、神様はきっとこう思ったはずです。

「何やらワクワクする才能ばかりを授けすぎてしまったかも⁉

これでは人間たちがつけあがる一方だ！

このあたりでなんらかのシビアでスパイシーなものも投入しなければ！」と。

その結果、山羊座には規律・規範・ルールを表す土星が守護星としてセットされ、山羊座の人生には常に「課題・克服・学び」のサイクルが生まれることになりました。

また、その**「乗り越える感動と成長」**を得るために、**どうしても課題や問題の種が頻出することとなり、常に頑張りを求められる人生を送るという設定が山羊座には刻された**のです。

痛みや苦労やキツさといったものを感じる度合いというものには個人差があると思われますが、一般的には、男性よりも女性のほうが痛みに対する耐性が高いという性質・体質を持つと言われています。

「女性が出産時に感じる痛みをもし男性が感じられたならば、男性はその痛みで絶命するかもしれない」ということを聞いたことがあるかもしれませんが、それにインスパイアされる形で山羊座と試練の関係を表すとすると、以下のようになぞらえることができるかもしれません。

「山羊座が人生で背負う労苦と試練を他の十一星座の人たちが感じられるならば、きっと人生の旅路を彼らは途中で放棄したくなるであろう」と。

それほどまでに山羊座の人の人生行路というのは、厳しさと波乱に満ちた修行感の強いものなのです。

とはいうものの、山羊座の人生が苦労や難題ばかりかというと決してそうではないようで、山羊座のキーワードは「I use（我、使役するものなり）」というもので、このことから察するに、どうやら「力の使い方」を学ぶためにこの世に生を受けたため、「多種多様な力を体験するような人生プラン」が仕組まれているようなのです。

山羊座の人たちは、「力の使い方を考えさせられるような試練多き人生」を送る。

但し、力の使い方を学び、社会での役割と果たすべく頑張るもの、それらを克したものには相応のリターンを用意する。しっかりと「試練に対するフォロー&報酬」も設定されているのが神の采配の素晴らしいところです。

とは言っても前述の通り、土星の寵愛を受ける山羊座の人たちの人生は波乱万丈なものになりがちなことは否めません。

精神・魂の筋肉痛が頻度高めで起こる人生を送ることが多く、特に幼少期から三十歳ぐらいまでにそのピークを迎える人が多い印象があります。

成長過程の中で、とにかく自分の頭で考え、工夫に工夫を重ね、自分らしい答えを出すことを常に求められたり、アイデアを実現化するために四苦八苦したり、中には圧政・独裁とも言えるような強烈な抑圧を感じる環境にいることを、青年期ぐらいまでに経験したという人もいるかもしれません。

いずれにしても、幼少期の辛い経験や厳しい環境で育てられること自体はトラウマやコンプレックスの種にもなるかもしれず、人格形成等に負の影響を与える可能性・リスクもありますが、そのリスクを取ってまで守護星である土星が授けようとしているのは、「究極の帝王教育」そのもの。

帝王学というものは王侯貴族等が子孫に王たるもの・指導者たるものの在り方を伝える・教えるための教育体系ですが、実際には「養成学校」というものはなく、実地で覚えるもの。

会社組織でもＯＪＴ（on the job training）などと言われて実地研修・実地訓練が行われるように、そしてそのほうが習得が早いように、座学よりも実際に身をもって体験したものこそが生きた知恵になり、人生を切り開く魔法の杖となります。

古典的で最も時間がかかりますが、**「己で鍛え上げた剣」は折れないもの。**

課題にぶち当たり、創意工夫をして手法・解決策を導き出し、自らのやりかたでその山を越え、克服する。その繰り返しこそが最上の学び舎であり、最も効果的な精神修練のメソッドだと言えるでしょう。

山羊座を育てる飴と鞭

育成・教育・躾に大事なのは飴と鞭、とはよく聞く言葉です。

ただ、山羊座は人生には「飴」はあるのか、などと首を傾げたくなるほどに、管理官たる土星は試練の鞭を容赦なく振るってきますが、それも守護星である土星が示す至上の愛の形であり、愛の鞭に他なりません。

地金を熱し、叩き上げ、精錬を繰り返すことで、ただの鋼の塊が名刀へ仕上がっていくように、熱され、叩かれを繰り返していくことで山羊座のあなたが世を渡っていくための「本質的な、本当に社会で役に立つ力」が養われていくこととなるのです。

それは、一朝一夕で完成を見るものではありません。

幼少期から修行のような期間が続くので、他の星座の人たちが楽しそうに過ごしているのを横目に「なんで自分だけが！」と叫びたくなるような時もあったでしょう。それほどまでに土星の試練というのはスパルタで過酷なもの。

ただ、悲しいことを経験すると人は優しくなれると言います。

山羊座の持つ厳しさ、優しさ、そして深さは、人生の中で多くの時間を本質的な人格形成や社会で何かを成すための修行期間として過ごしていく中で育まれます。

「あの時があったから今の自分がある・あの厳しい時を乗り越えられたからもう何も怖いものはない」、また「あの涙・汗があるから人の弱さ・厳しさ・苦労も共感できる・わかってあげられる」などと、物事を俯瞰的に見られる高い視座と、世界を仕組みで捉える理解力、瑞々しい人間力や感性、そして共感力といったものが、それらの苦行とも言える経験を経ることで磨かれてきたことに、人生もある段階に来た時に初めてあなたは気づくことになるでしょう。

人の世には、決して明るいことばかりがあるわけではありません。

人が生み出した社会がもたらす不条理も暗闇も不平等も、人が人だからこそ持つ弱さや稚拙さもあり、聖邪・善悪・正誤といった世界に溢れる多様な色を、山羊座の人は己の人生の中で自分という器を通して学び、深め、人生のどこかのタイミングで自分が経験したものから抽出された考え・教えをまとめ打ち出していくことになったり、自分なりの社会に対する一つの「答え」を表現していくことになります。

言論・芸術・政治・経営……それが何を通してなのかというのは個々の人生の歩み方や適性、

環境要因にもよりますが、人生を通して得られた自分なりの世の中とは？　という人生哲学や世界観のようなものを世界に向けて問いかけていくことから山羊座の人生の本当の幕が上がる、と言っても過言ではないでしょう。

黄道十二星座における山羊座は、上半身が山羊で下半身が魚という姿で描かれるように、前半戦は草原で草を食む山羊のように「被飼育対象」となったり、牧場の枠の中でおとなしく過ごし、管理下に置かれますが、なんらかの転機を経て、自由な海を泳ぐ魚のように転生し、リベラルな「解放者」となり、表現者として覚醒するというのが山羊座の人の人生のマスタープランであり山羊座の魂の成長の系譜そのものです。

そして、その山羊座の人の人生が変化していくさまは、前述の山羊座の姿（半獣半魚）にシンボリックに描かれているのです。

山羊座が人生で目指すもの

「何か壮大なものを成し遂げる人生」を経験しにきているのが山羊座の魂なので、若い頃は靄《もや》がかかったかのように、「私は何をするんだろう？」「何ができるだろう？」と先行きがまるで見えない、進路迷子になる方も多いでしょう。

登山でも高すぎる山を目指すと、下からでは雲やガスに隠れ、頂が見えないなどということがあります。とにかく登って登って登って、なんとなく雲を突き抜けたくらいでうっすら頂上が見えてくる、まるでエベレストのようなもの。それこそが山羊座が目指す山なので、ある程度までは暗中模索、手探りで進み、苦節のようなものをいくつも乗り越え雲を突き抜ければ、頂が見えるところまですらたどり着くこともないのです。

決して楽ではないけれど、**山羊座というのはその「極致」とも言える領域にたどり着ける唯一の星座**です。

「頑張った者だけが見られる景色がある」とはスポ根ドラマや伝記等でよく見られるセリフですが、「山羊座の魂が本当に癒される時」というのは、いつかその極致とも言えるところにたどり着いた時にこそ訪れるのかもしれません。

山羊座と力

山羊座は「力」の星座です。

また、同時に社会全体を司る星座でもあるので「世の中のために役に立ちたい」という意識が強く、忍耐強くガムシャラに頑張ります。

仕事に、資格取得に、ロビー活動にと、基本的に社会に影響を与えられることであれば、それはそれは真面目に、エネルギッシュに取り組みます。

垂直に近い岸壁を岩場に蹄をかけながら上がっていくカモシカのように、苦難・苦境をものともせずにひたすら頂点を目指すことができるのが山羊座の力の真髄でもあり、山羊座が頑張り屋さん、コツコツと続けられる人などと言われる理由かもしれません。

なんらかの「大志」を追求した結果として、経済、政治、司法、宗教といった私たちの生活の中にあるピラミッドの頂に到達したり、気づいたらそれに近いところに登ってしまっていた！　なんていうこともあるでしょう。

ただあまりにも「外の世界や社会」に意識が行きすぎて、内側の世界がおざなりになってしまいがちなのが山羊座の弱点であり、気をつけるべきところと言えそうです。

わかりやすいところでいうと、家族や親戚付き合いがそれに当たるでしょう。

家族のために、会社のためにと身を粉にして働くけれど、結果家族のことにあまり手が回らなくなって三行半を突きつけられるとか、家族から愛想を尽かされるとかということにならないように、しっかりと根っこの部分にも目を配ることが大切です。

「若い時の苦労は買ってでもしろ」なんて言葉は、まさに山羊座のためにあるのでは？　と思いますが、これは裏を返せば、若いうちに楽をしている山羊座は、試練が中高年以降にくる可能性が高いということでもあります。「可愛い子には旅をさせろ」とも言いますし、子供の頃から旅に出したり留学をさせたり、寮へ入れて親元から離れさせるなどの「自力でなんとかする」経験をさせるなり積むなりしておいたほうが山羊座的な人生成功活劇的に言うと、絶対的に楽な道であると言えるはずです。

山羊座に生まれた瞬間に苦労の総数は他の星座よりも圧倒的に多いことが確定なので、早めに取り組み消化していくのが上策なのは言うまでもないでしょう。

夏休みの漢字・算数ドリルが人の五倍あると想像してみてください。早めに解き始めたほうが後で泣きを見ないで済む。

人生に当てはめると、還暦とか七十歳とかで放置していたドリル＝修行や重苦がきてしまったら、もはや目も当てられないのは想像に難くないと思いますがいかがでしょうか。

また、山羊座はその人生において「力」を得ることが半ば約束されているようなところがありますが、気をつけなければいけないのは、力だけを追い求めてしまうと、周囲からリスペクトされないただの暴君になりかねないというところです。

「私たちはみんなのことを思ってこう考えています」という周りの意見を汲んだ政治的判断力を持たなければ善政はできないし、真の王様にはなれません。

だから、山羊座力を極めるためにも他の人たちの動向や世間を広く見る練習が必要で、そうした力を養えるような経験を青年期ぐらいからさせられる人もきっと多いはずです。繰り返しますが、正義というか、理想、ヴィジョンなき力はただの暴力です。

あなたが得ることになる「力」というものを悪しき方向に使わないためにも、若年期から「力」というものの諸刃を自らが味わうような経験をする人もいるでしょう。

例えば、学生時代にいじめに遭う、部活の先輩等に自分だけ槍玉にあげられる、ブラック企業で上司から○○ハラを受ける、抑圧を感じる育成環境で育つなどがそれに当たるでしょうか。

そうして「力」でねじ伏せられたり、痛めつけられたことにより、反発するためや見返すために力を欲したりすることもあるかもしれません。

また、自分が力を持った時にああならないようにしようなどと反面教師的な人も人生に多く登場する傾向もあります。

そういった力の正と負の側面を多く経験させられる・見させられることからも、「山羊座の人生とは力にまつわるストーリーである」というところがおわかりいただけるかと思います。

山羊座の性質

山羊座の基本性格

山羊座は「達成すること・事をなすこと」に、愛や使命感を持って当たる人です。

登山に忍耐や根気、そして徹底的な準備やトレーニングが欠かせないように、山羊座の方は基本的に準備や段取り魔人の人が多いように思います。

山ではちょっとしたミス・準備不足が命取りになるように、常に最悪のケースを含む、想定されうる全てのケースに対する策や工程表を、常に脳内でシミュレーションしながら事を進めていく人たちです。

同じ有蹄類《ゆうているい》でも楽観的な要素を強く持つ牡羊座とはある意味真逆で、万全を期したいが故のペシミスティックな思考・行動様式は、おそらく十二星座中、山羊座だけが持つマインドセットかと思います。

それゆえ、あらゆる物事に対して批判的・否定的な態度・姿勢をとったり、誘いに対しても

「NO」で返すことが山羊座の人は多いかもしれませんが、それは、「臆病」とか「勇気がない」とか「面倒くさがり」ということではなく、想定されうるリスクを全て調べてあるからこその「撤退」とか「何もしない」という意思表示であったりして、往々にしてそれらはベストな選択であることが多いようです。

また、ノリで動くということもないので、将来性がないこと、生産性がないこと、その行動の裏に意義や大義を感じないことには、一ミリも興味を抱かずに眉一つ動かさずにその場を去ることができるはずです。

ただ、誤解がないように付け加えると、山羊座は活動宮の一角でもあることから、本来は非常に行動的な星座です。

実際に家にずっといて何もしないとか、社会と接点を持たない・関わらないということはなく、常に参謀的なマインドで何かを考えていたり、水面下でアクションを起こしていたりするはずで、「ただぐうたら過ごす」というのは山羊座がある意味最も苦手とすることのはずです。

また、非常に自虐的なところや自分を追い込む要素も山羊座の特質なので、困難や面倒くさいことを器用に嗅ぎつけ、わざわざそういう難儀なところに首を突っ込みがちというか、もともとの問題解決志向や課題に向き合うのが大好きな「土星」を守護星に持つことから、そういった難題を目の前にすると、とにかく燃えてくる！　なんていう人も多いはずです。

そのため、どれだけ困難があろうと「これだ！」と思えるものを見つけたら、あらゆるリスクを背負ってでもやり通す、頑固な職人というか、もはや、武士のような人たち。それが山羊座の特徴でもあります。

お手軽なものにあまり魅力を感じず、**みずからが設定したミッションをなにがなんでも実現させてしまうような「求道者」的な生き方。**

それが山羊座の本質と言えるものなのかもしれません。

山羊座の才能

高い頂に向かってコツコツと努力をし続けることや、実績を積み上げていくこと。

何かを成し遂げるためには総じて意志の力といったものが必要ですが、山羊座の人は「達成人」として生まれているだけに、**偉業に至るために必要な全ての才や力は誕生時にはすでに与えられています。**

ただ悲しいかな、天秤座が持つキラキラオーラや獅子座が持つ王様力、蟹座の持つ面倒見の良さ・母性といったものは幼少期から発揮されうるものであり、比較的「わかりやすいパワー」ですが、山羊座力の真髄とも言える「意思力・忍耐力・達成力」といったものは目に見えるものではなく、且つ、それらの力が評価されるにはそれなりの社会的なステージにたどり着く必要があるため、若年期にはそれら「派手組」と比べてしまうことで、山羊座の人は自分の才覚を過小評価したり、卑下したり、自信をなくしたり、地味だの暗いだのと自分を認められないこともあるやもしれません。

ただ、積み上げていけば積み上げていくほどに「他の追随を許さないほど」の絶対的なパワーを発揮し始めるのが山羊座の権威であり、山羊座力なので、後年、自信を持てるようになり、自分らしさを打ち出して、生きやすくもなっていきます。

それほど山羊座の持つ意思力といったものは世間的にわかりやすいものでもなく、むしろ評価が難しいものです。

若年期にはなんなら、扱いにくい、頑固な子などと評されてしまうこともありがちで、相対評価のしにくいものでもあります。インスタントにわかりやすい才能ではないことから自己評価すら難しいので、ある程度大人になるとか、社会で揉まれないと山羊座の才覚は自信を持ちづらいもので、成功体験や実体験を重ねていくことで、やっとその正体と威厳のようなものが自己認識できるようになるのかもしれません。

山羊座の愛

山羊座の強さとは、鉄の意思そのものです。

それゆえ、その気質・意志力は愛情面にも当然影響を与えるので、一度誰かと関係を結ぶと、絶対に折れない関係を作ろうと誠心誠意努力します。

ただし、ここで注意しなければならないのは、山羊座にとっては中心軸に据えられているのが「社会」という概念であり、これは揺るぎない山羊座の世界観なので、「家庭でも恋愛でも、はたまた一時の快楽」といったものは、山羊座的にはセンター軸にはなりえないということは理解しておく必要があります。

それゆえ、器用に生きることができる山羊座の人は、「快楽」と「社会軸」を切り分けることで、その二つのファンクションを渡り歩くことも十分可能です。

これは男女問わず起こりえることですが、恋や情といったものと体の欲求といったものを分けて考えることができるのは後述の通り、山羊座を縛るものは「社会軸」のみであるということがその最たる理由でしょうか。

また、山羊座の特性として自分の社会・世間体・ステータスといったものにプラスになるとか、最大のパフォーマンスを発揮できるように支援が得られるとか仕事への理解があるとか、同じ目的・使命を持つ等、「社会軸」に対してプラスになるパートナーが得られると、意識が一転！

その時はじめて、鉄の契りが交わされることとなります。

山羊座の人生における愛の杯の交換は、「純粋な恋愛感情やピュアな乙女心、はたまた一時的な恋慕の情」から行われるということは期待薄かもしれませんが、そのかわり、結ばれるのは不断の鉄の契りであり、生涯の盟約となるように思います。

古い言い方をすると、政略結婚的な両家が決めてきたようなものやお見合いによるもの、二人をよく知る人からの紹介、上司や有力者の縁といったもののほうが山羊座の結婚や恋愛といったものには総じてプラスに働き、そこではじめて「関係を維持していくという努力」が生じることとなります。

山羊座は良くも悪くも「見返り」を求める星座です。

蠍座のような、言わば妄信的とも言えるような献身や、蟹座的な慈愛というのは持ち合わせていないかもしれませんが、**パートナーが「ダイヤの原石」であれば、それを磨こうとする力、砥石となりあらゆる手法でその「輝き」を世に打ち出そうとするパワーと思いの熱さは、十二星座中随一です。**

また、社会的な評価や世間体も気にする星座ですので、男女問わず社会的に「普通・常識的」であろうとしますから、あまりにもアウトローな生き方やレールから外れた生き方をすることはないでしょう。

パートナーが道を踏み外しかけた時には精一杯軌道修正を図ったりもするなど、常識人として、社会に対して恥じないように常に正しくあろうとするはずなので、まさに正妻・正夫（？）にふさわしい星座だと言えるでしょう。

山羊座の成功

人生の中盤以降ぐらいから牙城を持ち大きく成長していくその特性から、山羊座は大器晩成と言われることもあります。ただ、業界・業種によっては、若年期に芽が出て大樹に育つ人やこともあるようです。いずれにしても通過儀礼として待ち受けているのは「圧倒的な精錬経験」であり、苦難を乗り越えて自力・底力を蓄えていることが必要です。

なぜなら、山羊座に限っては「一発当たり」というのは用意されておらず、必ず「積み上げてきた何かが成功への必須条件として求められる」からです。

これは「厳しめ安定の土星」を守護星に持つことから生じていて、管理官たる土星に見守られている山羊座の人の人生には「チョンボやショートカット」は絶対に許されないのです。

石垣から天守まで一貫して築城したことにより得られる自信や自負、それが山羊座の芽吹きには必要で、それらがさらに山羊座に威厳を与え社会的な力を授けることとなるのです。

山羊座の力の真髄とは、「一時しのぎでも借り物ではない、磨き上げられた己の力」以外にありません。人生をかけて自分で地金からたたき上げた絶対に折れない聖剣を作り上げること、そしてその剣を使い、この乱世を渡り歩いていくこと。

それこそが山羊座の人を真の成功に導くものです。

一旦そうした武器ができたなら、あとはその聖剣を使って自由に人生を創造していくことができます。最初の剣を作るまでは相当な厳しいステージが待っていますが、その蓄積してきた経験・実績が何かに化けた時、山羊座の上にはライトが灯り、人生が急に華やかなものになっていくはずです。

山羊座の炎

十二星座はそれぞれ、「役職のようなもの」をあてがわれることがあります。

占星術師や文献等にもより、解釈は様々ですが、牡羊座が切り込み隊長・ファイターで、乙女座は設計士、射手座が冒険家というのがポピュラーなところでしょうか。

では山羊座は？　というと、その答えは「王様である」と言えるかと思います。

ちなみに王様的役割があてがわれる星座は二つあり、もう一人のキングは十二星座の中でも唯一「エネルギーのコアである太陽」を守護に持つ獅子座が担います。

ただ、同じ王様でもその熱の質が違っていて、獅子座の炎が赤だとすると、山羊座は青の炎を持つものです。

獅子座の炎は赤く煌々《こうこう》と燃えているのでわかりやすくて、みんながそこを目指していきやすい「町や都市の明かり」となるものです。それが獅子座の「リーダーシップや王国の建国」というキーワードに繋がっていきます。

一方の山羊座の炎は、見た目にはクールな青。ただ、化学の実験の授業で履修してもう皆様おわかりのように、青い炎のほうが実は温度が高いのです。

見た目はクールだけど内に秘めた炎はものすごく熱い、それが山羊座の炎。

獅子座のもののようにわかりやすい熱気があるわけではないので、人気者になるとか表社会でリーダーシップを取ることに向いているとは言いづらいのですが、土台や組織を作り上げていくという意味では裏で糸を引くとか、暗躍するという言葉もあるように、目立たないほうがやりやすいということも往々にしてありますから、炎の優劣というよりは適材適所といったほうが良さそうです。

いうなれば、獅子座が表の英雄・リーダーとすると、山羊座は裏の闇皇帝みたいなポジションと言えるでしょうか。

普段は地味とかお堅いとか真面目で面白みにかけると言われがちな山羊座ですが、その本質は、前述の通り、「青い炎」。

青い炎と聞いて連想しやすいものの一つに溶接機やガスバーナーがありますが、実際に溶接に使うようなあの青い火は特殊なマスクをしていないと凝視できないものであり、バチバチと火花を散らして必殺（必着）の瞬間だけに最大出力を出すものです。

少し不思議なメタファーかもしれませんが、ガスバーナーで切断したり、溶接で組み上げていくようなものがなんらかの構造体・ストラクチャー自体であることからも、「山羊座は普段は見えづらいが、実は温度の高い、ガスバーナーのような青い炎を持つ人たちで、社会の構造をつくったり、世界観を創造する星座である」ということがわかると思います。

山羊座のセンス

山羊座は実用性や価値を重要視するところがあるため、「ただ可愛いだけのもの」とか「ブーム等で一過性のもので、永続的な価値を持たないもの」には、あまり興味を示さないかもしれません。

ただし、ここで注意しなければならないのは、便利とか実用性とか合理性というのは「ただ生活を便利にするアイデア商品」とか「省エネ家電」といったことではなくて、三百六十度全ての観点から見た役に立つ・立たないを、山羊座は冷静にかつシビアにジャッジするということです。

わかりやすい例で言うと、グッドデザイン賞・レッドドットデザイン賞といった日本や世界各地のデザイン賞を受賞しているようなマスターピースと言えるようなものは、所有することに意味があるので山羊座のお眼鏡に適うでしょう。

また、ブランドアイデンティティが確立されていて、数十年経っても色あせそうにないデザインや機能性のもの、希少価値があるなどしてリセール価格がいいもの、自分とともにエイジングが楽しめるようなロングライフデザインの家具、相続・節税に有利に働きそうなもの、リペアしながら使っていけてなんなら子孫に残せそうなカメラ・時計といったものの購入や所有にも山羊座勘定奉行はGOサインを出すはずです。

　はたまた、仕事命の山羊座的には作業効率が上がりそうなハイスペックPCやタブレット等ももちろん好みのチョイスのはずですが、少々わかりにくいところで言うと、多少デザイン的に使いにくいとか革製品でケアに手間がかかるということがあったとしても、「誰かとの話の糸口になるかも」とか「社会的にこれを持っていることがプラスになる」ということがあれば、それらを入手することには特に疑問を抱かないでしょう。

　また、贈答品にもそういうところが見て取れるので、○○御用達とか権威ある人が推薦しているもの、健康に良いもの、ネタになるものをチョイスしたり贈ったりするのは得意技であり、そういう細かいところこそ本来山羊座が持つ政治力・外交力が生かされる領域でもあります。


　そしてファッションについては山羊座は「無駄」を嫌いますから、機能性が高いものやシンプルで着回しが利く等、決して華美ではないかもしれませんが、品良く見られるものを愛する傾向があります。

　また、自分の骨格、筋肉のつき方をよく知っているので、オンラインでまとめて買ってしまうという人もいるかもしれません。

　ただ、山羊座はスーツやジャケット、レザーシューズ、ブーツ等と相性が良く、またコスチューム、礼服というのは非常に山羊座的なアイテムなので、それらについては一家言あるという人たちも多そうです。人によってはオーダーのシャツ・ジャケット・スーツをずっと愛用しているという人もいるかもしれません。

また、前述のように、人生の後半からは「魚」のように自由な要素が急激に増してくるので、中年期以降あたりからは急に派手な色使いになったり柄物を多用したり、ファッショナブルになったり、スタイリングにこだわったり髪を染めてみたりと、急に「箍《たが》が外れたように」いきなりファッショニスタになっていくような人も多いように思います。

そういった意味でも山羊座は「大器晩成」なのでしょうか。

山羊座の体

山羊座の人は往々にして、幼少期に体を壊しやすかったり病弱だったりします。

これには諸説あるのですが、私は幼い頃に色々なものを体験経験して免疫を高めたり、抗体をその身に持てるようにするためという説を採用しています。

おたふくかぜは成人してから引くと重篤化したりしますが、幼少期であればそこまで大事にならないとよく言われたりするように、人間のメカニズム的にどのみち通る道であれば、先にしておいたほうが水戸黄門の歌ではないですが「人生楽ありゃ苦もあるさ」、そしてそのまた逆も真なりということで、苦労は先に終えておけば後が楽ということは往々にしてあるものです。

また、苦労を先に経験することが多い山羊座は、不思議と加齢に伴い若返っていくようなことを体験したり、四十代五十代になっても十歳は若く見られたりするように年をとるごとに派手になっていったり、華やかになる印象があります。

ただ、そんな山羊座も元からの弱点の下半身（特に膝から下）と歯と皮膚、そして関節には注意が必要なようです。

歯科医、鍼灸やカイロプラクティック、整体等、かかりつけ医、行きつけのところを作っておいて信頼が置ける先生に定期的に診てもらうのがベストで、古代の叡智というところも山羊座的なキーワードなので漢方や古典的な療法・家庭の医学的なこともすんなりと取り入れることができるはずです。

食べ物に関してですが、穀物、根菜類、ドライフルーツ、コーヒー、ハーブティー、チャイ、ほうじ茶、色が黒いもの（ひじき・黒ごま等）が相性がいいもの（持病がある方は除く）。バター等が多めの洋食よりは、一汁三菜の和食が山羊座の健康を守る食だと言えるでしょう。

No-11

水瓶座

1／21～2／18生まれ

道を切り開くとか、自由な世界へと旅立つとか、〝外に向かった意識・物事を先に進める意識〟を持つ星座は他にもいくつかありますが、水瓶座のそれは一風変わったものです。

例えば、牡羊座のように住み込みの弟子から順々に昇格していき、最終的には〝店を任される〟といったキャリアプラン等ではなくて、よく映画等で天から急に天使が降りてくるといったような、何の脈絡もないところに天界から派遣されるようなことが人生にしばしば起きるのが、水瓶座の人ではないでしょうか。

天の意思のままに、いきなり、新天地へと派遣された天使たち。

人の姿格好はしていますが、その実態はやはりどこか人間界のスタンダードとはかけ離れている・ずれていることも多く、人生経験を積むまではその力の使い方もなかなかわからず葛藤や苦悩を抱えることもあるでしょう。ただ、人の世での振る舞い方や生き方の基本を覚えていけば、あとは天界からの使者としての役割をしっかりと果たしていけるはず。

人間も宇宙に人工衛星を打ち上げたりしていますが、遥か太古の昔から神様たちも地球にサテライトを降らせていたのです。

人を然るべき方向へと導くために。人類が起こすであろう過ちを未然に防ぐために。水瓶座という名の人の姿をしたサテライトたちを。

水瓶座の世界観

水瓶座と天王星の関係

水瓶座を語る上で絶対に忘れてはならないのは、水瓶座の守護星でもある「天王星」についての考察でしょう。

細かな詳細は天文学者に譲るとして、自転軸が九十八度も傾いていて、黄道に対してほぼ横だおしの状態で太陽の周りを回っている超低温の氷の惑星。

それが天王星の特徴ですが、その傾いた・つまり一風変わったところ・他と違うところをそっくりそのままトレースした個性を持つのが水瓶座の人たちです。

その証に、水瓶座の人は天邪鬼なところがあります。

「右向け右！」と言われたら、左斜め四十五度を向いてしまうような、どこか跳ねっ返りの強いマインドを持つ人たちと言われたりもしますが、それはきっとこの天王星の特質を転写している存在であるがゆえ。

天王星は傾いている星座です。

たとえとしてどうかと思いますが、体を真横に倒してみると縦が横になり、横が縦となります。いわばアベコベの世界ですが、それこそが実は「天王星人たる水瓶座の見ている視点」であり世界観です。

縦のものが横に見える性質を持つ人たちは、通常の「枠にはめられたことをやるだけ」のオペレーションや正確性が求められることには、確かに向かないかもしれません。

ただ、発想・発案・アイデア・企画力を求められる職場・場所では、みんなとは違う視点で見ているからこそ得られる景色や新しい観点、そして面白く斬新なアイデアといったものを供給できるはず。

そして、そういう職場・場所でこそ、奇想天外な特徴を持つ水瓶座力というものは生かされていくのです。

また、正誤をつける思想は争いとか諍いとかを生む温床にもなりえますが、横も斜めも縦も「ただのラインである」といった、みんなが違っていてそれでいいじゃないかという視点や思想は、必然的に敵を作らないものです。

水瓶座が博愛主義であり、平和な人と言われる理由は、おそらくこの傾きを持つ天王星の在り方に起因しているのかもしれません。

水瓶座の魂に刻まれたもの

水瓶座の魂の出処は、きっとどこか遠い宇宙の星。

それゆえ彼らの視点は、常にどこか宇宙的なものがあります。

宇宙的というのがわかりづらければ、「人工衛星」と言ってもいいかもしれません。彼らの目線は衛星が持つカメラでありセンサー。その視点で我々がいる地球を見ている感じなのが水瓶座の視座そのものです。

水瓶座は「I know（我、知る）」と銘をあてがわれている通り、衛星からのカメラを駆使して観察者としてこの世を眺めているので、必然的に「上から目線」で色々なことがわかってしまいます。

他の星座が努力して知の山を登り、叡智を獲得したり、なんらかの領域で上を目指していくのに比べ、水瓶座は特異で、最初から大いなる叡智を授かっている稀有な存在なのです。

そのことを知るだけで、水瓶座の人たちがどれだけ異なる立ち位置でこの世界を見ているかがわかろうというものではないでしょうか。

最初から「立ち位置」や「視点」が他の星座たちと全く異なる水瓶座が、この世で何を成していくのか。

また、何をするためにこの世界にやってきたのか。

それはきっと、人生の過程で頑張って一番をとるとか、何かに情熱を燃やす！　という俗世的なものではなく、宇宙の視点というものを持ったままこの世に生まれたら一体何ができるのか？　ということを体験しに来た魂でしょうし、また、この地球をしかるべき未来に向けて変えていくために、少しだけ改造のメスを入れる。そのために地球に舞い降りた、宇宙からの使い人であるとも言える気がします。

「なんらかの過剰な力」や「器を超えた能力」というのは、時に人を傷つけたり、極端に言うと人を不幸にしたりもします。

　たとえばですが、一般的には子供のお小遣いの額なんてしれたものですが、突然一家の大黒柱クラスの額のお小遣いを使えるようになると、子供は一体どうなるでしょうか。

まだ「経済観念」の器、リテラシーがない子供は、おそらくはその力に振り回されたりして、お金の力に踊らされて、使っているつもりが使われて、時にそれは暴力にもなったり、また周りからいいように使われたりするかもしれません。

　もちろんこれはたとえですが、水瓶座の人たちは「叡智」を持つ人たちなので、幼少期や青年期ぐらいまではその過剰な何かに振り回されたり、また自分の思いとは全く違うように評されたりして、コントロールが利かない可能性があります。

時を経て、社会との関わりやり取りの中でその力のコントロール法を身につけてくると、暴走しない超越者としてその力を発揮し始めます。

神話では水瓶座の水瓶には「知恵の水」が入っていると言われていますが、水瓶座は幼少期には、まるで小さな子供たちが勢いあまっておもちゃを壊したり、お菓子を握りつぶしたりするように、その「水瓶をぶちまける」ことしかその瓶の使い方を知らないのかもしれません。

ただ、そういった経験を繰り返し、力の制御、距離感等を身につけてくると、水瓶の蛇口の開け閉めができるようになります。

そうなってくると**水瓶座は、その天才性を遺憾なく発揮し、無双の改革者として、また、オリジナリティ溢れる新時代の生き方を示す者として生きていくこととなり、この世の至る所で変革のシグナルを煌《きら》めかせていく存在となる**はずです。

水瓶座の天才性を育むには

水瓶座は、時代を先取りして世の中を変えていく、変革者の魂を持つ星座です。

山羊座で完結した「社会」のシステムが時代に合わなくなっていき、破綻しかけた時、彗星の如く登場し、「その次元は卒業してこちらのほうがいいですよ」と、新時代の風を吹かし、新たな道へと人々を導く革命の使徒、それが水瓶座の本来の姿です。

また、変革者である水瓶座は天才を一番多く輩出するともされていることから、水瓶座力＝天才性とも言えます。

ただ、「テンサイ」には二つの側面があります。「天才」と「天災」がそれなのですが、突出したセンスや才能は、人間社会の中では諸刃の剣ともなりえます。

例えば、天才的に頭がいい人が相対的に人口が少ない田舎に生まれ育ち、周囲から全く理解されなかったとしたら、その才能は発見されることもなく埋もれてしまうかもしれません。なんなら、自分の考え方や話すことがあまりにも人と違うことで、自分に自信がない人の場合は「私がちょっと変。もしくは頭がおかしいんじゃないかな？」などと思いかねません。

天才の悲劇というのは、それを認めてくれる人が誰もいないことに起因します。自身の天才性をちゃんと認めてくれる人や師匠・先生等につくなど、その異端性を発揮できる環境づくりが、水瓶座の人にはなによりも大切なことなのです。

世間の常識をはるかに凌駕するその能力に太鼓判を押せる人がいない環境にいると、天才が暴走し、天才が「天災」になることもあるかもしれません。

そのような悲劇を起こさないためにも、水瓶座を太陽に持つ方、水瓶座に星をたくさん持っている方は、自分の個性を認めてくれる環境・仲間を見つけることを、まず第一に考えるといいでしょう。

また、水瓶座を育てる時や水瓶座の人に最も適した教育や学びの形というものは、英才教育のようなものではないかと思われます。

人工衛星から地球を見ているような超俯瞰的視点を持っているので、幼少期から、いわゆる世間一般とは視野や物事の認識が違ってくるというのがその理由です。

水瓶座は生まれた時から「リバースエンジン」を渡されているので、どうしても世の中一般に対して天邪鬼になりがちで、しかも泥臭いのは苦手なので、常にスマートでいようとします。

そういった形質・気質から、「たくさんの人と一緒、また、多様性とか尖った個性が認められないような教室・環境」にいると、そこにいること自体がもはや苦痛・苦しみとなり、学ぶ意欲自体が消失しかねません。

一番水瓶座が避けたいのは、天から授けられたオリジナリティや革新性・改革者のマインドを潰されたり、取り上げられること。これさえ回避できればあとは大丈夫。勝手に伸びるべきところに向けて才能の芽は伸びていくので、そのためにも最初の〝鉢・苗床・田んぼ・畑〟が重要となります。

そういった水瓶座の持つ特異性を理解してくれる人、天才性を見抜いてくれる器の大きい、視野の広い人のご縁に恵まれた水瓶座の人は、その才覚を生かし、幸せな人生を送るための最初の切符を手にしたと言えるのではないでしょうか。

水瓶座が人生で目指すもの

水瓶座は、「革命意識」を持たされてこの世に生を受けた改善請負い人です。

そのため、「何かを変えていこう・改革していかなければならないとする意識に火をつけるため」にも、人生の中で一度はその先進性や革新性を抑圧される立場・環境に置かれたり、マイノリティである自分が叩かれるといった「厳しめ」のストーリーが用意されていることが多いです。

窮屈なルールをあてがわれたり、周りとどうにも馴染めなかったりというステージ。

そういった**「孤立感や違和感」を経験することで、どうやったら周りと調和しながらもオリジナリティを出せるか、ロックな自分を認めてもらいやすいのか、また、どうしたら周りをうまく巻き込めるか等、生き方を実地で学んでいく**こととなります。

また、水瓶座の隠れたミッションに「人類がその力を間違った方向に使おうとした時、また、誰かのエゴが暴走した時、権力が必要以上に力を持った時に、適切なほうへシフトチェンジ・進化を促したり、調整を行う」というものがあります。

地球や世界、社会がピンチに陥った時にヒーローが颯爽と現れて問題を解決してくれるように、宇宙の使者たる水瓶座たちは、その肩に持つ知恵の水が満たされているという水瓶をひっくり返し、大どんでん返しならぬ、大いなる浄化を敢行していくはずです。

水瓶座の性質

水瓶座の基本性格

三王星（天王星、海王星、冥王星）の一角である天王星を守護星に持つ水瓶座は、どこか超越者的な雰囲気をその身に帯びる人たちです。

その雰囲気・動き方・言葉使い等は、非常に次世代的で、どこか未来から現代にやってきたようなそんな印象を与えます。また、別の言い方をするとすれば、違う星から地球という星を観察しにきたコスミックトラベラー、それが水瓶座の人たちではないでしょうか。

そのせいか、地球という星の常識がよくわからなかったり、腑に落ちなかったりすることもしばしば。

まるでどこか遠いアフリカの民族たちが極東アジアの日本にやってきた！　みたいに、すごく大きな文化的・精神的ギャップをその身に感じながら過ごしてきたアクエリアンたちも多いのではないでしょうか。

宇宙的な世界観というか、もはや「宇宙観」と言ってもいいかもしれませんが、そういう視点でものごとを見ているので、博愛的で偏見もなく、全てにおいてフラット＆ニュートラルなのが水瓶座の人たちです。

そのため、地球上にある利権とか囲いこみとかそういうものを、非常に窮屈だったり、理解ができないものとして捉えている人も少なくないでしょう。

また、その宇宙的視点は色々なところに疑問を投げかけてくるので、幼少期から非常にロックな個性を発揮してきたかもしれません。

なぜ競争させてクラスや学校を分けるのか、なぜ一人としか結婚ができないのか、なぜ試験は存在するのか、なぜお金しかエネルギーの媒介物はないのか等々、あらゆることに疑問符を投げかける小さな哲学者であり思想家であり、時に保護者も手を焼くレベルの「なんでなんで星人」として育つ人たちもきっと多いでしょう。

水瓶座も射手座や双子座と同じように「好奇心の星座」と言われますが、射手座のように知識の幅を広げたいとか新しい発見をしたいといったものや、双子座のように世界のニュースや最新情報・トレンド等、多種多様な情報に触れていくといった好奇心と水瓶座の知的活動は一線を画していて、徹底的に「原理原則」を知るところまで追求していくところにあります。

そして、最終的には「果たしてそれは必要なのか？」というアンチテーゼを世間やまた自分自身に投げかけていく。

それが水瓶座の持つ知性のベクトルなのです。

そういった「全てに疑問符を投げかける」改革者となるべき知性・世間に対するアティテュードを持たされているのは、水瓶座が天王星という「リバースエネルギー」を持つ惑星を守護星に持っていることに起因します。

水瓶座のエネルギーの特性は客観性であり、また、オルタナティブなチョイスにも目をむけることができる先見の明でもあります。

そのため、常識や慣例を疑ってかかるので、〝思考停止〟になっていることに鋭い問いを投げかけることもしばしば。また、そういった動きがなんらかの革命的な動きや、変革につながっていくことから、水瓶座は〝革命の使者〟などと言われたりもするのでしょう。

また、非常に広い視野を持ち、すべての可能性をチェックしていくＡＩのような能力をもっているので、古い時代のものに再び光を当てたり、新旧をミックスさせたり、インターナショナルとドメスティックを繋げる再編・改変をさせたなら水瓶座の右に出る者はいないでしょう。

また、**常識や社会のルールは破るもの・変えていくものだと思っているので、水瓶座は最も「ロックでアヴァンギャルド」な星座**です。例えば、式典等でもみんな白なのに黒を着てきたり、フォーマル推奨なのに着崩してきたり……。

「ルールというものは、疑うべきもの。そして必要とあらば、改変・刷新していくものである」と思っている水瓶座は多いかもしれません。もし、色々な場面でみんなと違うことをやりたがる人がいたら、それはきっと水瓶座か水瓶座色の強い人なのかもしれません。

水瓶座の才能

水瓶座は、改革の星である天王星を守護星に持っている方たちなので、彼らはある意味、天性の反逆児。ノットノーマルな方たちでもあります。

それゆえ、「普通」「常識」「一般的」というワードは苦手であり、また同時に彼らにとっては地雷でもあります。「〇〇は当たり前」とか、「普通はこうでしょう」などと言われると一気に聞く気がなくなったり、反骨精神スイッチが押されてしまい、「普通って何ですか？」と逆に聞き返したくなったりも。

水瓶座に接する時は、一般社会や「当たり前」的な概念と比較することはせず、水瓶座個人のことだけを見て、受け止めてあげることが必要なのですが、多くの方はそれを知らず、勝手に地雷原にドカドカ入り込んでくるので、多くの水瓶座の人はこの世界を生きていると、「人々はなんて無神経で粗野で野蛮で争い好きばかりなんだ！」と、その神経が休まる瞬間はあまりないのではないでしょうか。

逆に言えば、水瓶座の方たちは「地雷を踏まれないようにする」ためにも、「私の個性はこうです」とか「これが輪郭線で、ここまでは大丈夫、ここから先はノーサンキュー」ということをきっちり伝えられるようになることや、またその距離感の取り方・演出が重要になってきます。

もし職場や恋愛などで、安易に自分のテリトリーに侵入してくる人に悩んでいるなら、自分のテリトリーをちゃんと示し、「よかれとやってくれているかもしれないけど、自分にはお節介です」となんらかの形で表現するなり、伝えなくてはならないのかもしれません。

たとえ、それが世間一般やスタンダードとかけ離れていたとしても、自分の個性の翼を折ることなく、社会に寄せず、「私はこう！」と声を上げることが大事です。

自分の権利を守るためにも自分の主張をちゃんと打ち出していくことが水瓶座の人生には大事な要素になってくるのですが、**水瓶座の武器とも言える「違いを見つける目・違和感を感じるセンサー」というのは、外と内の違いを見つけることを繰り返すうちに自動的に研がれ、精錬されていく**ものなのかもしれません。

また、俗世を生きる中で多くの葛藤があるのは「そういう武器を磨くため・精錬していくため」に起きているのだと気がつければ、多くの水瓶座は救われるのではないかとも思います。

海に散らばるプラスチックゴミ。本来であればそのプラスチック片はそこにはないものです。

サバンナに蔓延する密漁者。生態系のことを考えるならば、彼らは本来はそこにいてはいけない人たちでしょう。

また、人間たちの都合で不要に増えた〝売れない動物たち〟を、まだ寿命も来ていないのに役所につれていくなんていうことは、人間が〝人間様〟になっている証でもあり、宇宙的視点で見るとおかしなこと。

そういった世界に溢れる〝ノイズ〟に立ち向かうのが水瓶座の人たちの才覚であり、使命でもあります。

そういった社会を変えていくパワーが水瓶座力であり、その宇宙的な力を使う時、彼らは革命のヒーローにもなれるのです。

時代を先取りして変えていくパワー。それこそが彼らの真骨頂であり、最もそのエネルギーが生きるところ。全ての苦行・マイノリティ体験・多勢に無勢なこと。それらは全てあなたの個性を生かすためのレバレッジとして利かせる種のようなものです。

世間に埋没せずに個性的であること。そんな水瓶座の存在は、きっと多くの人の目には時代を変えていく人のように映ることでしょう。

水瓶座の愛

水瓶座は、「思考回路」が常人の先の先のそのまた先を行く人。

アンテナが敏感すぎて拾わなくていいことまで拾ってしまったりする人でもあるので、水瓶座の愛の形とか愛というものは、世間一般的に言うとちぐはぐなものに見えてしまって、「普通」と言われる視点から見るとすごくわかりづらいものかもしれません。

とはいえ、社会に溢れる色々な色メガネを外し、まっさらな目で彼らの個性を見つめることができれば、彼らがいかにピュアでクリアな精神の持ち主かが見えてくるでしょう。

宇宙ベースの世界観を持つ水瓶座は、「恋愛」においても、一風変わった概念、動きをします。

常人の数倍ぐらい先読みして行動したりするので、愛情が「水瓶座の人たちが伝えたいような形」で伝わらずに、逆にその真意に反して、ものすごく冷たい行為のように捉えられてしまったり、なんなら冷酷で無慈悲な人のように思われたりするかもしれません。

思いやりをもって接したつもりが逆のパターンになったり、余計なお世話になったり、またその逆で、「愛ゆえに」しなかったこと、遠慮・思慮深き行為が逆に愛が欠乏していると評されてしまったりすることも。そして、また「自分の愛の形や精神についての周囲からの不理解」に傷ついて、一人深く愛の闇に沈んでいくなんていうことも。
そういう少々悲しい恋のパターンにはまり、恋や愛に嘆き、虚無感すら覚える水瓶座の人もいらっしゃるのではないでしょうか。

水瓶座の特性として「革新的・革命的」な愛のパターンを持つということも挙げられます。いわゆる「一般的な男女の関係というもの」や、一対となる関係（わが国では二〇二〇年現在一夫一妻制を採用中）というものに対してのアンチテーゼとなるようなアクションを起こしてみたり、ポリアモリーや色々なロールプレイができてしまったり。

革命の星・天王星をその背に持つことから、色々な「レボリューション」を起こすのが水瓶座の才能でもありますが、それは愛の領域についても同様に作用するので、ひとまわり・ふたまわりぐらい年の離れた人と結婚してみたりとか、どこか「平均とか普通とされる領域外」のところに自然に吸い寄せられていくのが水瓶座の愛の形であり、また普通ではないことをすることが、愛の領域においても、水瓶座の心や魂が満たされるものなのかもしれません。

また、水瓶座は天才と評される星座ですから、そもそも「恋愛」なる概念が彼らの中にはない可能性があります。だから、いわゆる恋愛的なものを求める方は、水瓶座と付き合うことは厳しいかもしれません。

恋愛という名の仮想ゲーム、ロールプレイをするなら楽しめるかもしれませんが、蟹座とかが描く「ほっこり」的な付き合いを望むと、彼らとの進展は難しい気がしないでもありません。

オリジナリティを重要視する水瓶座には、女性誌とかに書かれている、「こうやったら落ちる」的な「セオリー」もほとんど通じないはずですし、一夜限りとかであれば話は別かもしれないですが、長いスパンのお付き合いをしようとすると、周囲は水瓶座の天才性に振り回されて終わってしまったりも。

誤解を恐れずに言うと、十二星座中、恋愛相手としては一番難しい星座ではないでしょうか。


「セルフ」の暗示を持ち個性を表す牡羊座から始まり、「社会」を暗示する山羊座で人の領域とその世界観は完成を迎えます。つまり、一番（牡羊座）から十番（山羊座）の星座は、人間が作り上げてきた「社会」の概念の中で生きている人たちであると言えます。

そう考えると、それ以降の星座である水瓶座と魚座は人外の領域、すなわち「神とか宇宙の領域」、あるいは「3・5次元の世界」に生きているとも言えるでしょう。

そう捉えてみると、彼ら（水瓶座と魚座）の領域に、果たして「恋愛」は必要がある？　そしてその概念はあるのか？　と問うてみたくもなります。

仮に、菩薩界とか如来の世界に「恋愛」が存在しているとして、そういう方たちと付き合うとか、彼らを落とそうとする場合、人間的な肉体・感覚的価値観はおそらく通用しないので、人間的な恋愛観を彼らに適用させるのはなかなかに厳しいはず。「この付き合いのゴールはいったい？」みたいな面倒くさいことになりかねないですし、さらに高尚なタイプになると、「付き合うという囚われこそが、人間の克服すべき煩悩である」というところまで達してしまいそうです。

水瓶座の成功

水瓶座は十一番目の宮・宝瓶宮を守り、「未来・社会・貢献」を司る星座です。

水瓶座がフューチャリスティックだったり博愛主義だったりするのは、このあたりのエネルギーを主とする星座だからですが、実際にはその生態はそうとう「気まぐれ屋さんで気分屋さんでロックンロール」なものです。ただそれは、今の社会の規範と照らし合わせるとそう見えたり、そう評されているだけで、しっかりと宇宙とシンクロしている水瓶座の人たちにはおそらくそんな声なんてどこ吹く風、きっちりと宇宙とその歩調を合わせながら自分のリズムで生きている人たちなのだと思います。

また、水瓶座の人は宇宙にアクセスしその叡智を下すキーを持つ星座で、「これからの人類が進むべき道や深化を進めていくべきところを指し示す」のが宇宙から託された使命。

人類が創り出すことができる最高峰のもの、人知のみで出来上がった社会。

それが山羊座までの一番から十番までの世界観であり人の作り上げた社会だとすると、そういった人工物に対しての「神意識の介入」のようなことが起こるのが水瓶座・魚座といった十一、十二番の部屋の世界観であり、また彼らの使命でもあります。

そういった「超越者的なパワーやメッセージ」というのは往々にして一般社会では受け入れ難いものでありますが、宇宙意識を世界に伝える、そして「世界のスタンダードを新しいものに上書きしていく」経験をするために地上に降り立った魂が入った器が水瓶座の人たちです。

この世には「馬鹿も休み休み言え」なんていう表現がありますが、それを少しだけもじったものを水瓶座のあなたに捧げたいと思います。「天才も休み休み言え」と。

変革者で前衛的な思想を持つ水瓶座は、ともすると理想論に走り、世の中の先の先のそのまた先を行きすぎてしまいがち。あまりにも先を行くと誰もついてこれず、誰にも理解されずにその才能を腐らせてしまうこともあるかもしれません。

「実現できないこと・誰にもわかってもらえないこと」は、ないものも同じ。空想だけして手を動かさなければどんな商品も生まれていないのと同じと言えるように、全く誰にも響かないとか誰にも理解されないことほど虚しく寂しいことはありません。

そう考えると水瓶座のあなたの思考や思いというのは、世間のそれとはかけ離れていることも多く、ともすると周りを置いてけぼりにしたり、空回りすることも頻発しがちかもしれません。

水瓶座のあなたの人生を輝かしいものにする上策は、冒頭のフレーズのように「休み休みやる」こと。

時代の〇・五歩、一歩くらい先を歩くように心がけると周りもちゃんとついてこれますし、時代の最先端を行く（たまに行きすぎる）あなたの言葉をきちんと理解できるはず。いきなり三歩先に行ったりしてしまうと社会や周囲との乖離《かいり》が生まれることになりますから、世間がついてこられるように、理想・目標とするエリアへと段階的に引き上げていくプロセスを考えることも大事なのです。同じ目線へとうまく誘導するような心理学的な現実的な方法論を学んだり、ヴィジョンを具現化させてくれる形作りのプロとタッグを組むことが水瓶座的な開運方法、成功の法則だと言えるかもしれません。高尚なヴィジョンは往々にして「それはあなただから言えることですよね」と反発されたり、理解が得られにくいものです。

例えば、いきなり家を訪ね「地球温暖化を止めるための募金をしてください」と寄付を求めても、怪しまれるだけできっと門前払いされてしまうことでしょう。

ただ、そういった崇高で宇宙的なメッセージや叡智のかけらのようなものをアニメ・ドラマ・映画・小説等のエンタメの中に仕込んでいくとするとどうでしょうか。

舞台や演劇、ストーリーの中にそういった「価値観」をしみこませることで多くの人に興味を持ってもらえたり、また多くの人を巻き込むことに繋がり、結果的にあなたが叶えたいことややりたいことはまさに水瓶座的な「ちょっと斜めにしたやり方、軸をずらしたやり方」で叶っていくのです。

水瓶座のセンス

水瓶座は、「少し先の未来における主流となるもの」を見つけるのが得意です。

当然、水瓶座のファッション・身の回りのもの・住まいに至るまで、そこここに新時代の香りやエッセンスが垣間見られ、そのファッションやお部屋は新時代の在り方のショールーム・サンプル・見本としても機能するでしょう。

また、水瓶座は博愛精神に富んでいることもあり、環境・エコフレンドリーだったり、社会貢献・寄付等に積極的な企業や商品・サービスを好む傾向があります。

「地球や社会はみんなのもの」という意識があるので、そういった配慮があるものには自然と食指が伸びるようになっているようです。

また、その鋭敏なセンサーは常に時代の風や新時代的なもの、新しいハイテク素材や珍しいコンセプトのもの、アート的な要素の強いもの、新進気鋭のアーティストの作品等もチェックしているので、時代の風を常に感じて世の動向に目を光らせているのです。

水瓶座はよく「宇宙的」と言われるからか、宇宙とかＳＦ的なもの、超次元的なものに惹かれる傾向があります。どこかメカメカしいものや、新時代的なガジェット・新製品・宇宙食等の目新しいコンセプトのもの・蛍光色や新素材といったものは彼らの好みかもしれません。

車にしてもなんにしても普通、平均、一般的なものは好まず、どこかちょっと変わった要素があったり、すこし「かぶいたもの」を好むところがあります。

パーソナライズアイテム等があれば、こぞって作りたくなる・トライしたくなるのは、きっと水瓶座がオリジナリティを重視する星座だからでしょうか。

また、実際に不思議なテイストの洋服の合わせ方をする人も多いのですが、それもガチッと決まってしまうのは水瓶座さん自体がどこか宇宙的というか、脱現世的なオーラを纏っている人たちだからなのかもしれません。

水瓶座の体

体でいうと、水瓶座は膝から足首にかけての部位を担当する星座と言われています。
またその「ネットワーク」自体を管轄する特性から、体の各部位に信号を送る神経系統を司るともされているのが、水瓶座の体・健康面での特徴だと言えるでしょう。

実際に水瓶座の人の体を見ていくと、内臓面とか筋骨的なところに問題が生じるようなことはレアケースでしょう。
ただ、働きすぎ、思いつめすぎ、環境ストレスや騒音・ケミカル物質・公害的なものが原因となって、敏感すぎる神経（特に聴覚的なところから来るもの）がダメージを受けることにより、体に異変が生じてくることが多いように思います。

体の具体的な症状は副次的なもので、主たる要因は神経系統。その中でも自律神経がおかしくなっていくことで血・リンパ等の流れが乱れていき、それがどこで詰まったり、滞るかによって「不調が現れる部位が変わる」こととなります。

いわゆる不定愁訴と言われる症状や原因不明とされうる症状・疾患は、ある意味最も水瓶座らしいもの。そして、その原因の多くはおそらく生活環境におけるノイズや体に不協和音を鳴らすものの過剰摂取や過剰接触でしょう。

水瓶座を表すと言っても過言ではない「神経」。

神の通る経路と書くように、神経とは宇宙からの情報が通ってくる、降りてくる経路のことです。その部位を司る水瓶座の人は「天空のネットワーク」をその身に体現した人であり、巨大な受信機のような人です。

普通のケア、普通の在り方、普通の食生活、普通の〜と言ったものとは全てが一線を画すぐらいのつもりで生活をしたほうが、その「過敏体質」とも言える体質・形質には合うのかもしれません。

もし、何らかの不調をきたしている、きたしがちという人は、一度「全ての健康情報とか身の回りのものを疑う！」ぐらいの気持ちで一旦全てを精査して、自分の体で人体実験をするぐらいの勢いで自分に合う・合わない、適・不適を決めていってもいいように思います。

宇宙意識が流れる体にそぐうもの、それを人生をかけて見つけていく楽しみがあるとも言えますし、「普通でないこと」を体験しにきた魂ですから、またその過程でなんらかのオリジナルな術式とかメソッドを発見し、それを今度は世界に向けて発信していくことになっていくのかもしれません。

水瓶座の人に相性がいいパワーフードは「加工品」です。

たとえば、柿そのものではなくて、「干し柿」とか、マグロの切り身ではなくて「ツナ」とか、はたまた人工的に作られたものの極みと言えば、スナック菓子とかキャンディとかガムとかも該当するでしょう。

また、サプリメント、スムージー等との相性も良いので、すでに摂取している人も多いかもしれません。保存食や宇宙食、スナック系とも相性がいいとされていて、必ずしもフレッシュな食材でなくてもいいところが水瓶座の面白いところです。

食材のみの括りでいうと、ナッツ系やシリアルといった一つのものでまとめて栄養が取れるようなものが好相性です。

そして、水瓶座の人は神経回路が複雑で繊細なため、量を必要とはしません。もともと世間の常識を壊しにきている人たちがアクエリアンなので、とにかく栄養価が高いものをほんの数点だけいただく等して、超偏食になることが意外にも健康の秘訣だったりもしそうです。

恋愛・仕事のみならず、食生活においても既存の考え方を壊そうとしていて、新しい時代の健康・医学における新基軸を作り出すのは、もとから「規格外」であり「革命児」たちである水瓶座の人たちなのかもしれません。

No-12

魚座

2/19~3/20生まれ

世界は美しいものである。

それが魚座の美学。

それは「芸術的な均整のとれたものばかり」といった美しさではなく、レギュラーもイレギュラーも、老いも若きも、色々な価値観を相互に認め合う多様性のある社会が持つ美しさのこと。

宇宙の器たる魚座は、その在り方に、どこか浮世離れしたところを感じる人たちです。

3・5次元からの使者ともいえる魚座の人たちは、常にどこかとコンタクトをとっていて、自分の発言だけれど、自分の意見ではないようなことを口にすることもしばしば。

人の世界の基準と離れたところにある宇宙の美学や意思をこの世に伝えていく役目を持つ、なんともシャーマニックな人、伝道師として生きる宿命を背負う人たち、それが魚座なのです。

魚座は浄化や融合といった使命を背負う人たちでもあります。

この世界が権力や汚職、はたまた大いなる腐敗によって凝り固まったものになった時、自ら海王ポセイドンの矛を振るい、古き慣習を洗い流したりもするかもしれません。

魚座の人たちは次世代の新しいスタンダードをつくっていく存在として、新人類として世に受け入れられ、神輿に担がれるなどして頭角を現していくでしょう。

魚座の世界観

海王星と魚座の関係

魚座の守護星は海王星と言われる星で、占星術の世界ではある独特のパワーを持つ星と言われています。

その力とは、幻想・イリュージョン。それは「夢」と言い変えることも可能かもしれません。

私たちがいる人間界には、たくさんの夢や幻・イリュージョンが溢れています。

身近なところでいうとテレビはただの箱ですが、箱の中にはあたかもそこに人がいるように見えたりもするのに、その人や世界に触れることはできません。ただそこに映し出される人・番組が見えるだけです。

また、アイドルやカリスマと言われるアーティストが生み出す楽曲、絵画、彫刻、モダンアート等も海王星がもたらす「インスピレーション」が具現化されたものであり、この星の恩恵だと言えるかもしれません。

そして、夢。

小さい頃から私たちは大人になったら何になりたいかとか、どんな生活を送りたいかとか、ことあるごとに聞かれたりします。また、大人になったらなったで、どんなことを将来したいかとか、どんな風に十年後になっていたいかなど、夢やヴィジョンを問われたりします。

また夢占いなんていう言葉もあるように、私たちは毎晩夢を見ます。

大半の人はほとんどの夢を覚えていないのですが、強烈な夢や印象的な夢はやはりどこか記憶の片隅に残っていたりして、それを人は夢占いで調べたり、なんらかの無意識の世界からのメッセージだと捉えたりもするのです。

こうした「目に見えない領域・無意識下のこと・ヴィジョン・ひらめき・幻想・メディア」といったものは全て海王星の領域であり、それはまた「魚座のパワーが生かされるところでもあり、管轄物」でもあります。

魚座の人はよくアーティストっぽいとか、不思議ちゃんっぽい！　などと言われますが、それはまさに海王星のキャラクター・波動を強く受ける存在だからです。

十二星座一、最も浮世離れしていて（夢の世界の住人だから当然ですが！）、最も空想的で、最もインスピレーションのみで生きていて、最も不思議な生態を持つ人、そして幼い時に夢見ていたことを**成人しても、ある意味、大人になりきれずに実際に夢を現実化してしまう人、それが魚座の人たちです。**

魚座はどこか宇宙を感じさせる雰囲気を持つ不思議な人たちですが、その手に持っているのは実は海王ポセイドンの矛。

神から授かった凶器を持つ魚座は、実は怒らせると怖い人たちなのかもしれません。

また、魚座は私の実感としての社長ランキング（十二星座の中でどの星座が社長輩出率が高いかを示したもの）でも上位三つに入るぐらい「何かを成す力」に秀でた星座ではありますが、正確に言うと、若干社会に適応しづらいので自分で会社や組織を作らざるをえなくなった、というのはここだけの秘密。

それでも「社長」として会社を経営していけるのですから、それもまた魚座の謎めいたところ、いや、優れたところでもあります。

魚座の魂に刻まれたもの

人間社会の中では「全ての行動には意味がある」とか、「社会で生きていくためには役に立たなければならない」とか、「理由」とか「意味」とか「大義」のようなものを求める傾向があります。とはいえ、人として生まれただけでもうすでに奇跡。それぞれが存在している、それだけで十分に尊いもの。

お釈迦様はそういった人の生の本質を「天上天下唯我独尊」と説かれたように、本来、人とは生きているだけでありがたいもののはず。

今、この世界では、多くの人が「誰かのためになろう、何かのために役立とう」と頑張っています。

額に汗して働き、家族を養うため、地域のため、国のために人々は働きますが、時にそれは行きすぎることもあり、過労死やストレスによる病苦となって「やりすぎたもの」が返ってきてしまったりもします。

もちろん「頑張ること」や「誰かのために精を出すこと」が悪いわけではありません。

結果を求めたり、成果を出していくことは人に達成感をもたらします。また、その積み重ねが人に自信を与えたりもします。人が社会で「認められていく」には、そういうプロセスやシステムもきっと必要なのだと思います。

人間界にも色々な人がいます。頑張ることが向いている人たち、成果主義で成果のためなら三百六十五日働ける人たち。

要領が良くて、色々な依頼やタスクといった波状攻撃をひらりふわりとかわし続ける割にはしっかりと要職にアサインされている人とか、はたまた「モテ力」を生かして華やかな世界で大成功を収める人など、この世はまさに個性の万華鏡でありデパートです。

ただ、そうすると当然ですが、今の世の主流・潮流に「合わない・適さない」人たちや、どうしても途中で心や精神が折れる人たちも出てきます。

挫折・失敗・ドロップアウト。

そういう憂き目に遭遇した人たちは人生の負け組でしょうか？　人の世の澱《おり》でしょうか？

いえ、彼らは負け組でも穢《けが》れでもなんでもなくて、ただ「今の世の中に合わなかった」か、もしくは「適材適所ではなかった」だけなのです。

世界が万華鏡のような形でたくさんの色味で成り立っているとしたら、人の世にはたくさんのお役目スロットがあると言えます。

リーダーシップをとる人、サポートをする人、財を担当する人、創造する人……。

他にもたくさんありますが、では、魚座が担当するのはいったいどれでしょうか？

答えは、「浄化する人、癒す人、受け止める人、真理を極める人」です。

魚座は水の星座の最後の一つ。

水の星座とは蟹座、蠍座、魚座の三つですが、それぞれ、母性、神性、宇宙性を使って人や社会、世界を包み込み、癒し、赦《ゆる》していくものたちです。

魚座の役割とは「はぐれ組」を作らないことでもあります。

宇宙には本来、聖も邪も善も悪も黒も白もありません。ワンネスのもとでは全てはフラットであり、全てはただの事象に過ぎません。

魚座は人生を通してそういった真理を学び、体得し、宇宙と一体となっていく存在です。

そのため、その過程で汚いもの、醜いもの、暗いものを見ることもあるでしょう。

またそれと同様に、明るいこと、楽しいこと、愉快なこと、綺麗なものも見ていきます。

それらの間に線を引かずに全ては一つに繋がっていくという道が見えた時、それを体得した時から、魚座の人たちが世を浄化していくステージが始まります。

それは他の星座の人たちでは体験できない、広く深い世界観ですが、その偉業は宇宙と最も近い魚座のあなただからこそできること。

たとえそれがいかに世間的には評価されうることではなかったとしても、いかに俗世とは全くかけはなれたこと、世界の価値観の中で「上」とされるものではなかったとしても、魂のレベルアップをひたすら狙っていく覚悟で取り組まれるといいでしょう。

魚座の人生には、綺麗なことだけがあるわけではありません。

綺麗なこともそうでないことも、それら全てを魚座という闇鍋のような溶鉱炉の中に入れてしまって、グツグツと煮込み、人生も後半になった時に、最後の最後に出てくるもの。

それはきっと「光明」とか「悟り」等というもののはずです。

多くの災い・穢れを世界に撒き散らしたパンドラの箱。神話の中ではその箱から最後に現れるものが希望だと言われています。

魚座の人の人生は、まさにその神話そのもの。

人生という長い年月をかけて災いや苦難を乗り越えていく苦節多き魚座の人たち。ただ、感性の高い魚座の人ですから、人生の中後半以降のある時、気づくはずです。この人生ゲームの中で神々は人に何を体験させたかったのかを。

人は視座が上がると、見えるものが変わってきます。その観点で言うと、神の視点に近づいた時、初めて人はその真意に気づくことができます。

「人とは何か・人生とは何か」

魚座の人生とは十二星座ラストを飾るそのポジションにふさわしく、その壮大な問いの答えのようなものを一つ一つ集めていくオリエンテーリングのようなものなのかもしれません。

魚座の育て方

魚座の人生で面白いのは、魚座は「聖なる力」を持っているとされるのに、途中まではある意味全く「聖なる」なんて感じさせないところです。

なんなら素行不良だったり、オリジナルな方向に行きすぎて、周りからは変わっていると言われることも多いかもしれません。

ただ、ある程度人間として経験を積んできて、それなりにこの世のルールを把握できてきた頃から魚座の人は「人間界のルールを踏襲しつつ、しっかりと自分の個性とか色を出していく」バランスやり方を身につけて、それを打ち出し始めます。

魚座の人は前述の通り、聖なる道を用意されているので、その道へ戻る際に起こるトリガー自体もまた強烈なもの。試練も山も厳しければ厳しいほどに高みに登れるものなので、どうしても過酷なトレーニングや修行とも言えるものが用意されているようですが、是非それらを乗り越えてください。

そうして少しずつ自身の体に染み付いた俗世の灰汁《あく》・魂の穢れを祓い、いらないものをアンインストールしていき、クリアな存在を目指していくとよいでしょう。

ちなみに、魚座の人は没頭できることしか習得しないので、興味がないことを習っても習わせても身にならない傾向が高いです。

好きこそ物の上手なれではないですが、「役立つからやる」という動機・理由は魚座にはないので、魚座がこちらが求めるものができなくても叱らないであげてください。

ちなみに怒りや批判・批評は最も魚座が嫌がるもので、魚座のリズムを狂わすものです。

個性的だけれどピースフルな世界の住人。

それが魚座の人なのです。

魚座と祈り

人のその人生の過程において、傷や痛みや病に向き合うことがあります。それらは通常、挫折や苦しみや厳しさを伴うものです。

ただ、そういったマイナスがあるからこそ、人は初めてプラスのことを心の底から望んだりするものでもあります。

自分では解決策を導き出せないなど、絶望的な状況にある時。はたまた、人の力ではどうにもならない事態に直面した時。そうした状況において、人は初めて目に見えない大いなるものに向けて「祈り」を捧げるのかもしれません。

マイナスのことが起きるから「プラスに向かうベクトル」を人生で初めて意識するということも、解釈次第ではありますが、マイナスの現象がもたらした「良いこと」と言えるかもしれません。

人間界とは三次元社会ですが、「虫の知らせ」などと言われるように、目に見えないものもこの世には存在しているように思えます。

スピリチュアルな世界観だと、それらは精霊とかハイヤーセルフとかスピリットガイドなどと言われるのかもしれませんが、この現世において人にはどうにもならないことが起きた時には、天や神さまと言うべきものやそういった異次元の存在たちに委ねることが、「餅は餅屋」とも言われるように最も適切な道筋であり、また方法と言えるのではないでしょうか。

神々の采配、星々の叡智を借りるための儀式や意識。それが祈り。

また、祈りとは神々の世界と人間界を繋ぐ回路を開き、そのパイプに流れるエネルギー自体のことでもあります。

魚座は「I believe（我、信じる）」とも言われるように、**魚座のエネルギーの本質とはその〝祈り〟に関わること**。魚座とはPRAYER（祈りを捧げるもの）であり、上異次元と人間界を繋ぐ巫女的な存在とも言えます。

それゆえ、魚座の人には少々特殊な能力や体質が与えられていて、多くの魚座の人は半身は人間そのものですが、人間界の次元とは異なる周波数をもう片方の半身に宿しています。

人間界の常識や当たり前を難なく超えて、端から見ると異様なこと・異端なことも障害もなくサクサクとできてしまうのは、実はその「異世界の力を持つこと」に由来するのかもしれません。

魚座が人生で目指すもの

いきなりショッキングかもしれませんが、魚座の人生は汚染と漂白と救済からなります。

もちろん必ずそうなる！　というわけではないのですが、多くの魚座の人生を見ているとそういったライフパスをたどる人が多いように思います。

まず、魚座は人生のどこかで一回汚されたり、何かが傷つけられたりといったことを体験します。

自分の信条、生き方の哲学、信じていた者からの裏切り・背徳行為、ルールを破ること・破られることなど、その「汚される」シーンはなかなかにドラマティックだったり、また表にはとても出せないようなこともしばしば見られます。

そして、傷ついた心や体を叡智や真理の探求を通して「漂白・浄化」していくことになります。

自分が「まっさら」になったら、今度は魚座の人自身が、他者や世界の汚れや穢れをピカピカにする、救済の使命を遂行していくこととなります。

落ちたからこそわかる痛み。苦しんだからこそわかる自らを救っていく術や心得。そのステージを見たからこそ、体験したからこそ、共感できることや教えられることがあります。

絶望の淵や苦行の谷から生還した者のみが知る手法、方法論、そして考え方。

そのリアルな声を伝えていくことで、周りの人たちの体や心が癒されるのはもちろんですが、魚座の魂自体もまた救済されていくのでしょう。

救世観音のような波動。

それが救済の人である、魚座のバイブレーションの正体。

それは人を導くものではないかもしれませんが、人を奈落の底や絶望の淵から元のレールへとそっと戻してくれるような、そんな優しさと慈愛に満ちたものであり、彼らに関わる多くの人たちの魂を静かに癒すことのできるものなのだと思います。

魚座の性質

魚座の基本性格

魚座の人はどこか超越的であり、超人的な雰囲気を持ちます。

アーティスティックなどと言われることもあるように、どこか「定番とか普通とかスタンダード」といったところからずれているし、またそれを好むところもあります。

実際に魚座の人は「何屋さんかわからない」雰囲気を持ち、特異なヘアスタイルやファッションセンスなど、オリジナルな空気感やヴィジュアルをしていたりして、リアルに何屋さんかわからない（色々やりすぎて）人も多いはずです。

一つ前の星座である水瓶座は「完成された社会に対する」ロックなマインドが特徴で、既存の既得権に物申していき、新しい概念を創造していくような天才肌で、アヴァンギャルドな生態を持つ星座ですが、その次の星座である魚座はもはやそういった「こうでなくてはならない・いやそれではだめだ」などというこだわりの域から脱却した、最も成熟したマインドを持つ星座だとされています。

ただ、最も成熟したということはよく現実社会でもあるように、色々なことを経験し、体験を積み重ねてくると、老年の方に多い傾向がありますが、往々にして意外と色々なことがどうでも良くなったりもするもの。

「ま、いっか」といったことや「適当でいいよ」などといった風に、周りに任せ、最適者に任せ、なんなら神様とか風や自然に任せるといったこともできてしまいます。

そして、一見無責任に見えるような神任せ的なジャッジすら、開けてみるとやはりそれがベストだったりすることが魚座の恐ろしいところであり、ユニークなところでもあります。

射手座が半人半馬だったように、半分人間で半分仙人のような魚座はどこか「浮世離れ」した印象を持ちますが、まさにその通り、完全にどこかが浮き世離れしている人が魚座なのです。

ただ、その不思議ちゃん力こそが魚座の魅力でもあり、他の人たちが絶対に真似できないところでもあります。なぜなら他の人たちはちゃんとした人間ですが、魚座のあなたは「半分仙人」たちなのですから！

ちょっとぐらいおかしなところがあっても、周りもきっと笑って許してくれます。

何かおかしなところがあなたの服装やファッションセンスにあっても、なんならそれが「かっこいい」とか「素敵！」とポジティブに捉えてもらえたりもするでしょう。

また、ヴィジュアルというか醸し出す雰囲気も変幻自在ですが、それだけでなく、庶民的なところにいたかと思えば、翌日には星付きレストランやレッドカーペットを歩いていたり、神出鬼没な人でもあります。

また、交友関係も多岐にわたり、大物との繋がりを持っているかと思えば、一見《いちげん》でお邪魔した屋台の常連さんたちやバーの人たちとも仲良くなれてしまったり。そんな不思議な人誑《ひとたら》し力と人脈力が魚座マジックの真髄です。

女性でたとえるなら、聖女にも悪女にもなれる。キャラクターが固定されていないところも魚座の魅力を高めることに一役買っているのです。

魚座の才能

魚座の守護星は海王星。海王星とは海。

「癒し、浄化、解毒、神秘、そして母なる存在」とも形容されることもあるように、海とはどこか女性的な何かを感じさせるものなのかもしれません。

海、水は、形、定型を持たないものです。

心、精神も形がないものゆえに、その親和性から魚座の人は心、精神、宗教、真理の探究等に引かれ、そちらに進みがちですが、魚座の開運方法はその〝豊かさの海〟から何かを取り出すことにあります。形なきところにあえて形を見出す、形を作り上げることにより魚座の人の道は開いていくことが多いように思います。

魚座の人がもともと持っている感覚・超感覚、そしてセンス。

それらを料理という形でお皿の上に表現したり、土をこねたり木を切ったりして創作の道に進んだり、色を使ってキャンバスに思いをぶつけたり、言葉を下ろしたりすることでどこか宇宙的なあなたと世間・世界を繋ぐ道ができるのです。

魚座は理解されづらく、少し孤独を感じやすい星座とも言われますが、その魚座の孤独を打ち破るのが発信やメディア活動や芸術活動といったもの。

創作・アート・クリエーションを通し、内的世界を外に打ち出すことにより、世界はあなたの心の内、脳内をやっと理解するのです。葛藤多き自分というものの理解、そして周りに対しての自分というものの理解を深めるためにも外に「何かを吐き出す」ということはとても大事です。

また、魚座の創造性というのは他の十一星座とは全く違う色を持っているように思います。

セオリーとかルールとかそういった「枠組み」を超えて、破天荒なのになぜか美しく思えるとかなぜか不思議と癒されるとか、メッセージが伝わってくるとか、言語化できない、ロジック化できないようなものを作り出すことに非常に長けている。それが魚座のセンスなのです。

前述の通り、魚座は海王星の力を持つもので、また、水の力を自在に使えるものでもあります。水は無形ゆえ、雫《しずく》になり、川になり、また、鉄砲水や洪水にもなりえるもの。水とは潤いであり赦しであり浄化でもあり、その姿を自在に変え、私たちに必要な恵みや時に必要な破壊と排毒《デトックス》をもたらすものです。

己の身、つまり、水鏡と化した自分自身に対象物を映すことで対象のことが我がことのようにわかったり（エンパス能力）、その人の力や何かをそっくりそのまま自分に転写することもできるでしょう。

魚座はなんでも召喚できてしまう力を持つ、イタコ・シャーマン力の高い人たちなのです。アーティストや歌い手等に神がかったように創作をする人、トランス状態となる方が一定数いらっしゃいますが、それはおそらく前述の魚座的「転写」能力を使っているからかもしれません。

魚座は基本的には「NOと言わない性質」を持つ星座です。それはすなわち、拒まない力でもあり否定しないということでもあります。これは誰にでもできることではありません。

魚座の人たちは「受容・包容の宇宙・スピリットワールド」と繋がっているので、なんでも受

け入れられるキャパシティの広い人たちです。

魚座がその「魚座力のなんたるか」に目覚めた時、ほとんどのことを「ま、いっか」と受け止める、いや、というよりは全てを飲み込んでいくブラックホールや、沐浴、洗濯、埋葬等、全ての営みをそこで担う聖なる川・ガンジスのように、大いなる存在となっていくかもしれません。

実際には人間界における危険物処理担当のようになっていく可能性が高いので、職場での相談を受けるとか、愚痴とか相談のメールがたくさん来たりするかもしれません。

また、それが加速していくと真理を解する者として、カウンセラーとか占い師・ヒーリングマスターといった心・精神を癒すお仕事をすることもあるでしょう。

人生が波乱万丈になりがちで、色々な泣き笑いをその目で見ることになるのが魚座の人の人生の特徴ですが、その経験が魚座の人をアートや癒しやホリスティックな方面へと導いていく原動力となるのかもしれません。

魚座の愛

「魚座の愛とは非常に献身的なもの」と、一般には言われていますが、それはどうやら相当な年配者の魚座を見た際の視点のような気がします。

魚座の人たちは、救済の道をいく求道者です。

それゆえ、人生の節々で、援助・貢献・自己犠牲をしていくような方向へと勝手に導かれていくこととなります。そうしていくうちに、知らずしらずのうちによく言われる魚座像、「献身的な人たち」へと変容していくのが魚座の愛と献身にまつわるストーリー。

つまり、生まれ持っての愛の才がある、ナチュラルボーン聖人（生まれながらの聖人）なのではなく、後天的に愛の人になっていくような宿命がセットされているのが魚座の人たちの人生なのです。

そして、ここで面白いと思うのは、「後天的に愛の人になる」ということ。

この世に生まれ落ちた時、スタート時には、別に堕天使でも掟破りな無慈悲な人だってなんら構わないということ（失礼！）。なぜならこの現世で「愛のなんたるか」を学んでいくのですから。

「魚座の人たちは神様に近い場所に行こうとしている人たちであり、波動を上げていこうとしていく人であり、求道者にして聖職者」のような人。

ということは、「真理とは・愛とはなんぞや」を最初から深く知っているとその目的が叶いません。

それゆえ、魚座の人は愛を知るために人生のどこかで深く傷ついたり、汚れ役を経験したりするのかもしれません。

また、その渦中・過程で知らずしらずのうちになんらかの業や不要なカルマを積んでしまうこともあるでしょう。そして、魚座の人はそれすらも「人生をかけて返済していく」ような人生を送ることになるので、おのずと人生は波乱万丈・アップダウンが多いものになりがちです。

ただ、そのドラマ多き人生、修行や泣き笑いが多い人生こそが魚座の人生の真骨頂であり、醍醐味とも言えます。

魚座の人生は「ドラマ性」が強く、予期せぬ展開が多い人生航路になりがちですが、その奇想天外ぶりこそが十二星座中最もミラクル&ミステリアスと言われる魚座の人生を華やかに色付けるものでもあります。

そして、そういった経験を積めば積むほどオリジナルな人生となり、また、最大の目的である「魂のレベルを最速で上げていくこと」も可能になるのだと思います。

魚座の成功

一般論でいう社会での成功（金銭・地位等）という意味で言えば、もとから上昇志向の強い獅子座や射手座や牡羊座といった火の星座たちや、社会に向けていつも視線を向けている山羊座の人たちのほうが「成功していく傾向」は強いように思います。

ただ、人間界を「魂の修行場」と見た時の魂のレベルアップ指数に関して言うと、魚座の人が断然トップ。それもほぼ独走状態と言えるほど、魚座の人生とは「最も徳を積んでいけるルート」のような気がします。

では、徳とはどうすれば積めるのでしょう。

各宗教や信仰にもよるので詳しいことは割愛し、ここでは触れませんが、古今東西、どの教えでも説かれていて重要視されているのは「人に尽くすこと・貢献すること」ではないでしょうか。「人生は山あり谷あり」、そして、諸行無常とも言いますので、物質的な成功から得られる豊かさ・幸せ感は一時的なものかもしれません。ただ、人のために頑張ることや誰かに尽くすことは人にエネルギーを与え、また互いに幸せにしたりもするものです。

そして、陰徳とも言われる「知られずにして積める徳」はおそらく魂の純度を上げるために最良・最高のもの。**魚座の人生とはまさにこの徳積み業であり、魚座の人生は徳を積んでいくことにより上手く回り始める性質を持つものなのです。**

人生が「徳積みゲーム」のような設定になっている魚座には、当然ですがたくさんの徳を積ませてくれることがやってきます。

ＲＰＧゲームでレベルアップさせるためにモンスターが出てきて、シナリオを進行させるために節目節目でボスキャラ等が出てくるように、魚座の人生は「自分が治す・癒す・お世話をする」対象が次から次へと出てくることでしょう。

また十二星座の中でも最後の部屋でもあることから、魚座以前の十一星座たちが散らかしたこの世界をクリーンにしていくという壮大な課題も持たされているので、そのお掃除・整理・浄化の意味も込めて、魚座の人生には混乱やパニックや事件がつきものとも言えます。

魚座の人生が「カオス」と言われる理由はおそらくこのあたりにありそうですが、自分の人生が「徳あつめゲームである」と理解できるようになるには、つまり「人生の主軸・メインテーマ」の輪郭が見えてくるまでは「一体なんでこんなに苦しいんだ」と自らの人生や宿命を呪ったりもするかもしれません。

ただ、魚座のいいところは魚座自身が柔軟宮ということもあるせいか、あまりくよくよ・もやもやが尾を引かないところで、実際に他の星座に比べると圧倒的に早く回復しますし、またその回復方法も何故か自然に身についていたり、最適なものを行っていることが多いのが魚座の人が宇宙とか大いなる意識とシンクロしている存在である証でしょう。

また、ある段階から周りからの相談を受けたりと何かと頼られることが増えてきたりもしますが、魚座のいいところは、普通なら面倒くさくなったりするところで全然そんな素振りも見せず、なんなら全く苦にもしておらず、非常にフレキシブルに、且つ、最後まで責任を持って対応できるところです。

もちろんその域に行くためには、人生経験と器を広げる訓練・経験、修羅場を乗り越えることが必要ですが、おそらく多くの魚座は、幼少期から中年期ぐらいまでで世の中の酸いも甘いもそしてちょっぴりダークなところをも経験したりもするはず。自然と「人間界の解毒係」が務まるように宇宙からトレーニングされてきているはずですが、いかがでしょうか。

それらの経験・業的なものが魚座の自信の根源となり、それがそのまま〝魚座の癒しの力の源〟になります。

全く純粋というわけでもなく、かといって毒舌なわけでもなく、キャラがわかりづらいけれどなんだか癒されるゲームキャラのようだったり、妖精・精霊のようだったり、はたまた宇宙人的だったりする不思議な存在。

そしてその在り方自体で人を魅了し、癒しをあたえ、人々が内側に秘める可能性の扉を開いていく。それが魚座の成功であり、魚座がその一生の中で「知らずして」達成してしまうゴールなのかもしれません。

魚座と海王の矛

占星術で使われる土星から先に存在している惑星群はトランスサタニアンと呼ばれていて、天王星、海王星、冥王星という三つの惑星がそれに当たります。

そのうち、直感、霊感、神秘性、夢、自己犠牲、幻想等を担当しているのが海王星で、ホロスコープ上では海王ポセイドンの三叉の矛をかたどったマークで描かれます。

この海王星という星が魚座の守護星なのですが、そもそもこのトランスサタニアンはそのどれもが人間界の力を超えたパワーを持つ天体たちで、占星術師や術式によっては「神々の天体」などとも言われています。そして、水瓶座、魚座、蠍座の生まれには「世の中を刷新していく」「破壊と創造の使者」「ニュータイプ的な生き方をする、新人類」が多いとも言われていますが、それは決して水瓶座（天王星）、魚座（海王星）、蠍座（冥王星）の三サインがこれらトランスサタニアン惑星を守護星に持つ存在であるということと、無関係ということでもなさそうです。

話を魚座に戻しますが、魚座はその**「三王星の中でも芸術・精神性・癒し・幻想」といったところを司る海王星をバックに持つ星座**です。

魚座の人が評される時にアーティスト気質などと言われることがありますが、それはきっとこの海王星がもたらす芸術的感性の雫が魚座の心を常に満たしているからなのでしょう。

憂の人である魚座が何もないのに急にアグレッシブになることは基本的にはありませんが、世界の秩序が乱されそうになった時、自分の愛する世界が黒いものに覆われそうになった時や大事なものたち・世界観が侵攻・侵略されそうになった時には、海王ポセイドンの三叉の矛をその袖に隠し持つ魚座は、容赦なくその矛を振るい、大波を起こすでしょう。

魚座のセンス

魚座は基本的に「カオス」です。

それは内側に色々な思いやパターンや感性が入り乱れていて、なんならどれが自分のものでどれが人のものかもわからないほどに、常に内部が百花繚乱、デパートのような状態です。

これはある意味「大混乱」とも言えるのですが、考えようによっては色々な引き出しを持てるということでもあり、色々な個性や色を召喚できるということでもあります。実際に魚座が色々な顔があったり、十二面相的な要素を持つのは、実はこの「魚座的、内部のカオス」から来ているのです。

それゆえ、**いかなるシーン、状況等々にも合わせることができる対応力、柔軟性を持ちます。**

また、それとは逆にＴＰＯ度外視をし、自分のスタイルやファッション、やりかたを「押し通す」こともなぜかできてしまう、そんな不思議な力があるのが魚座のオーラ・センスなのかもしれません。

そして、魚座の面白いところは「メディア」という力が強いため、芸能的な仕事やブロガー・ネットアイドルのようなポジションには適していて、持っているものや買っているものを周りが勝手に注目してくれたり、誰かが勝手に引き上げてくれたりというところがあります。

また、魚座はどこかボヘミアンなところがあるので民族調だったりカラフルだったり変わった形のアイテムに魅かれる人が多く、そういったテイストのアクセサリー、洋服、スタイルとは親和性が高く、また愛用している人も多いはず。

スピリチュアルでシャーマニックなところがある気質からくるのか、石や香りといったアイテムにも詳しかったり、コレクションを持っていたりするのが魚座さんの魔法のお道具箱の特徴。

特に魔除けの石や旅人の石といったところに魚座は惹かれる傾向があり、実際それらのアイテムとも好相性。お出かけの際には石やお気に入りの香りを身につけたりする人たちは決して少なくないのではと思いますが、いかがでしょうか。

魚座の体

魚座の担当は足首から下、つま先までのエリアとされています。「足裏とは地上との接点」であり、人が毒素を排出する解毒ポイントでもあります。また、津液《しんえき》・リンパも魚座の担当となっていることから、魚座の人の身体特性というのはことごとく解毒・浄化仕様になっていることがわかります。

魚座の人は解毒、排泄、足首から下の部位に注意が必要とされています。

肝臓・腎臓・泌尿器科・直腸・足首・つま先・リンパ節といったところがそれら器官に当たりますが、特にこれらの部位は月の満ち欠け・引力に影響を受け体調もそれに左右されやすいことから、日頃からむくみ対策をしっかり行い、添加物やサプリ等をとりすぎないこと、肝臓に負担をかけないことが大事です。

魚座のパワーフードは魚介類・滋養分に富んだスープ・味噌汁・カレー・シチューで、しっかりと水分代謝をよくしてあげることが、健康状態を維持するためには必要なアクションだと言えるでしょう。

またなんらかの「はまりごと」に没頭する可能性が高いのも魚座の特性なので、アルコールやタバコ、はたまたジャンクなものやスパイシーなもの等、刺激物に逃げたりする傾向も持ちますが、何事もほどほどに。

過剰になりどうしても依存的になってしまった場合は、専門医の診察やカウンセリングを受けてみることを検討してみましょう。

あとがき

二〇二〇年の上半期、それはまるでどこか遠い夢の世界で過ごしているような期間でした。

この期間はいわゆる「コロナ禍」と言われるもので、新型コロナウイルスが感染拡大し「ありえない」ようなことがこの世界全体で起き続けた時期なので、もちろんそういった側面もありますが、その影響で「どこか遠い夢の世界で」といったわけではなく、実は私からすると「最も近くにあるけれど、その底が見えないような深き井戸のような世界」にひたすら潜り続けた半年間だったのです。

私は普段は「星読み」をベースにした連載、書き物、投稿をしたり、また、個人鑑定をするなどして、星を使って個人の命運を読んだり、いわゆる「占い」をしています。

当然その際に用いるのはホロスコープなるもので、各天体の公転周期やら色々なものを組み合わせて判断し、クライアント様や企業様、はたまた国や今後のことなどを「読み解いていく」ものです。

そしてその鑑定・リーディングにはたくさんの素材を用いるのですが、主だったものを挙げるとするならば、太陽、月、水星といった惑星から、アセンダント、ドラゴンヘッドなどと言われる天体以外のものまで、多くの要素が複雑に絡み合っていて、その読み手に色々な解釈をゆるし、各々が独自の世界観を構築しうるものです。また、そういった深みや多様さが星読みの面白さでもあるようにも思います。

そして、その星読みを行う際に基本中の基本、絶対に忘れてはならない存在、いや、それらなくしては成立しないもの、それが「黄道十二星座」です。

料理でいうところの「メイン食材」とも言えるものが十二宮なのですが、普段はこの素材を「用いて」どんな料理を作れるか、どんなことができるのか、といったことを見ていったり、他の感受点や惑星との絡みでどんな解釈ができるのかを研究しているのですが、今回の本を書くにあたってのテーマはまさにこの「メイン素材」と徹底的に向き合うというもの。

同じ星の世界とはいえ、いうなればそれは「外の世界」から「内なる世界」への転換ともいったもので、視点やアプローチ法を完全に反転させなければ成しえないものでした。

通常であれば、一人の人を見る際には十の天体やそれらが座するハウス、また、他のパーツ等の存在があるので、それらたくさんの要素が「何かを理解することの助け」になってくれます。

ただ、今回のものはそういった「いつもの」アプローチとは真逆。

一つの星座についてのエッセンスをとにかく絞れるだけ絞り出していくというもので、そのプロセスはある意味、試練ともいうべきものでした。

過去の鑑定の記憶を思い出せるだけ思い出してみたり、周囲の人たちや知人等を思い浮かべたりしながら、とにかくこの半年は十二星座のみについて考え、また、その「沼」にどっぷりとつかってみました。

そうして気づいたら、ある一日は私はまるで牡牛座のようでした。

そして、また別の日には私は魚座のように動いていました。

私は本当は一月生まれの山羊座なのでもちろんこれはたとえなのですが、この本を書くため、各星座の気持ちを理解するため、そして彼らの視点を得るために、我が身に各星座の意識を召喚してしまった！　というほどにそれぞれの世界をこの身におろしてみたのです。

数カ月にわたる執筆中、十二星座のエッセンスをこの身におろして、各星座の生態等をこの身で体感・体験しつつ書き進めたもの、それがこの本です。

こうして現場での体験や知識といったものがふんだんに盛り込まれた内容のため、今までの星関係の書籍やコンテンツで見られる十二星座の特質・特徴とは異なる解釈が見られるかもしれませんが、それは新時代とも言える水瓶座時代に生きる私たちが用いるためにアップデートされたものとして捉えていただけると幸いです（それゆえ、2・0というタイトルにしている！　ということもありますが）。

また、それらは当然ながら既存の雛形や定説を否定するものでもなく、ここにある内容は一占星術師がキャリアの中で積み上げてきたものを編纂し、今の世に沿うものとして発信するものであります。

本文中にもありますが、占星術、十二星座の解釈とは時代とともに進化するものであります。もちろんこの本が次世代の十二星座攻略の基礎となるとは思いませんが、一つのオリジナルな解釈として楽しんでいただければ幸いです。

この本は私が書かせていただいたものではありますが、文中にもある通り、今までの多くの方々とのご縁やそれぞれのリーディング経験なしには成しえなかったものだろうと感じています。それゆえ、そういった意味では私と皆様との共同作業によって生まれたものがこの本であり、ご縁の結晶とも言えるもの。緯《たて》糸と経《よこ》糸が複雑に織り込まれた、十二枚のタペストリーのようなものであろうと思っています。

そして、この壮大なタペストリー事業（！）を行うチャンスをくださった光文社の千美朝さん、この本の制作に携わってくださった多くの皆様、いつも変わらぬ厳しさと愛で我々を導いてくれる偉大な星々、特に今回は黄道にて輝く十二の星座のヒーローたちに厚く御礼申し上げます。

最後に、この本が皆さんと各星座の関係を繋ぐ糸や理解を深めるためのガイドとなり、ひいては宇宙とシンクロするための懸け橋となったなら、著者としてこれ以上の喜びはありません。

あとがきのあとがき

仕事柄、星とは毎日のように語らいますが、この本を執筆するにあたり、数カ月の間、徹底的に黄道を守護する十二の星座たちと向き合いました。

占星術における基本中の基本ともいえる、黄道十二星座。

彼らを深掘りしていくと、執筆する前には想像もしていなかったような、宇宙の叡智というか、深い世界観、宇宙の真理や人生哲学とも言える何かが十二星座の内側にあることに気づけました。

各星座の持つ新しい側面やそれぞれが内包する小宇宙の理解、そして世界観の拡大といったものを書いている私にももたらし、大いなる飛躍・超大なレベルアップをしたような気すらしています。

黄道十二星座の各星座たちとこのような濃密な時間を過ごせたことは、星読みをライフワークとする者として、筆舌に尽くしがたい宝物のような時間でありました。

また、この本には書ききれなかったことや、もっと書き足したいことも実はたくさんあったりもするのですが、執筆中、常に思っていたのは、十二星座それぞれが本当に素晴らしい才覚・特徴を持ち、皆が異なる光をこの世にもたらしてくれていることで、どれだけこの世が彩り溢れる、豊かな世界になっているのだろうということでした。

執筆の休憩時間。ぼーっとしながらも、〇〇座の〇〇さんのことを思い出しては、あーあそこは本当に美点だなぁ～とか、でも、こんな癖もあるよな、くっくっくっ！　みたいな、友人と星座の特性と照らし合わせながら各星座の内容を調整していったりと、毎日が星の世界にとりつかれた人のように、星座と妄想の鬼と化した日々を過ごし、一人でシャドーボクシングならぬシャドーリーディングを重ねていき、それを練って練って練り上げて、出来上がったのがこの本です。

そういった複雑な（?）プロセスを続けていたら、急に感謝の念が湧き上がり、もはやそれを伝えずにはいられない！　という感じになってきましたので、ここに「あとがきのあとがき」として、各星座の人たちに向けたプチレターを記そうと思います。

普段、山羊座の私はこういう影響を受けていますよ、こう感じていますよということを伝える機会的なものはほとんどありませんし、いきなり「普段こう思ってるよ」なんて言おうものなら、ただの気色悪い人みたいになってしまいますので！

勇敢な牡羊座の皆様へ。

牡羊座の方に関しては、本当にいつも思うことがありまして。

それは「本当に裏表がない方たちなんだな」ということ。

こんなことを言ってしまうと褒めているのか落としているのかわからないかもしれませんが、牡羊座の方が「私は裏があるから～」とか思っていたとしても、他の星座の人たちの裏！ とかと比べると全然可愛いものですから、どうぞご心配なく！

また牡羊座も私（山羊座）も共に活動宮ということもあり、話し出すとハイスピードトーク合戦になったりもして、あの爽快感、疾走感と言ったら！ いつも楽しく会話させていただいております。

会話が止まらない！ などという、稀有な体験をさせてくれるのは、いつも決まって牡羊座の方です。

私は牡羊座のそのスピードキングなところにしびれていて、頭の回転やそのカラッとしたさっぱり感はやはり火を背後に持つ星座だからかなぁ～と、ちょっと重い感じがする、土を背に持つ山羊座の身からするとそのドライな感じはどこか羨望の対象でもあります。

竹を割ったようなシンプルさと無邪気なところに癒され、いつも勇気や元気をいただいています。

そんな、私にとってのカンフル剤のような牡羊座の人たちに心からの感謝を捧げます。

本物を知る牡牛座の皆様へ。

牡牛座の人たちからは、いつも「文化的な刺激」をもらっています。

グルメにしてもファッションや展示会にしても、文化的なもの・芸術的なものに対する感度が高く、いつも牡牛座さんたちの投稿やコメントや発言・発信からは彩りをいただいています。

また牡牛座さんたちを見ていつも思うのは「良いもの・美しいもの・綺麗なもの」に囲まれているからあんなに穏やかで安定感がある人たちになるのか、それとも牡牛座さんたちがもとからそうだから、そういった「華やかで美しいもの」が集まってくるのかということです。

「金塊が先か美術品が先か」みたいななぞかけ問題みたいですが、絶対的に「いいものを知っている・いい場所とご縁がある・いい人たちと知り合いである」みたいな典型的なナイスな人たちが牡牛座さん。

そして彼らほど精神的に安定している人たちを私は他に知りません。

こまやかなのに安定していて豊かで多幸感があり……。

どこか貴族的な牡牛座さんたちと一緒にいると、こちらまで心が洗われるようで、いつも波動クレンズを受けているような気にさせられています。
勝手にクレンズ受けておりすみません。

いつも助けられています。

ありがとうございます。

羽根のように軽やかな双子座の皆様へ。

鉛のごとく重い私の山羊座性からすると、真逆の質となる軽やかなライト級戦士たち、双子座さん！

誰に対しても公平で優しく、それでいて「アクもソツもない」双子座のエアリー感に癒されているのは、私だけではないはずです。

どうかこれからもその翼を広げて色々なところに顔を出し、交際範囲・交流範囲を広げてください。双子座さんのエアリー感、抜け感に助けられる・癒される人はきっと多いはずです。

また怒りという感情はないのではないだろうか？　というぐらい穏やかで常にライト&ポップ

なところも、「険しさ」を像にして命を吹き込んだような山羊座からすると憧れの対象！　とすら思えてしまいます。

無い物ねだりとはまさにこのこと！

「風の時代」とも言われる時代に突入することですし、双子座の持つ羽根のような軽さとまではいきませんが、できるだけ軽やかなエアー感を醸し出していきたいと思っている今日この頃です。

これからもどうぞご鞭撻《べんたつ》のほどよろしくお願いいたします。


愛がだだ漏れの蟹座の皆様へ。


蟹座の人は「心の星座」とか言われますが、なかなかどうして「社会を見つめる目」はすごいものがあります。

社会でウケるものがわかる、社会で求められているものがわかる感性。

それはきっと数字や社会情勢を見るとかではなくて、街を歩く人々を観察したり、そこから伝わってくるものをしっかりキャッチして、自分なりに咀嚼・解釈・分析することを重ねているからこそできることだろうと思います。

しかもそれがデフォルトでできてしまうのが、蟹座の方のすごいところです。

心の星座と言われていますが、しっかりとそれを社会を生きる武器にして、多くの人たちの「心理」を理解し、摑み、またそれに適したものを打ち出していく。

ロジカルに偏りがちな男性陣、また心を置き去りにしがちな職種や業界の人たちに絶対的に必要なエッセンスがあるとしたら、それはきっと「蟹座エッセンス」ではないでしょうか。

私の書籍が世に出ることになったのも、蟹座の方のアクションが起点でした。

蟹座は場づくりの天才とも言われます。出版や連載といったきっかけをくださったこともあり、私もまたその「場づくりの天才」の才覚の恩恵を受けた者の一人。

いつもその配慮心とか読み力に感謝しています。

ありがとうございます。

陽気な英雄！　獅子座の皆様へ。

暗くて地味で真面目で根暗と言われていた山羊座が、どれほど太陽の申し子みたいな獅子座のことを羨んできたかは、獅子座の皆様はご存じないかと思います。

ええ、幼少期はまさにそうでした。ひねくれ感のかたまりのような私。まさに太陽のように華やかで元気でパワフルで人気者の獅子座。彼らが笑えば周りも連動して笑っていく……。

そんな陽気な人気者たちに、例にもれず私も助けられてきた一人です。

獅子座の人の友人知人は多いのですが、いつも思うのは、本当に周りのため、誰かのために身を粉にできる人なのだなぁというところです。

そして、いい意味でのプライドもしっかりあって卑屈にならないところがお付き合いしやすく、人付き合いといった面でもすごく良い刺激と学びをいただいています。

そしてその華やかな面の裏にはとんでもない努力と頑張りがあることも、少年時代には見えませんでしたが、大人になった今ならわかります。

王様業の裏には千の努力と血と汗と涙あり。

いつも民のためにありがとうございます！

しっかりものの乙女座の皆様へ。

乙女座の方々は実は周りに結構いるのですが、いつも思うのは「抜けがないなぁ〜」ということです。

山羊座は結構厳しい星座なので、人のアラとかが目につく（とんでもない奴です！）のですが、乙女座の人たちに関しては本当にそんなアラが見当たらないのです。

同じ土のエレメント同士ということもあるのか共通項も多く、ランゲージが似通っているため、安心して全てを任せられるので、山羊座の眉間からシワが消え変なストレス群から解放される、まるでセーフエリアにいるような気持ちにさせられます。

ただたまに思うのは、唯一山羊座が「アラを見つけられない」というぐらいですから、逆に山羊座の（いや、私の）アラがバレバレでそれで迷惑をかけたり、ストレスをかけていないかが心配になります。

そのことが逆に気になったりもする、なんとも不思議な関係性、それが乙女座の人たちであります。

山羊座は意外と堅いところがあるくせに、スイッチが入ると暴走するきらいがあります。活動宮だから！　というのもあるかもしれませんが、一旦〝決めたら暴走してそれに突き進む悪癖〟、それをたしなめるパワーがあるのが乙女座の人たちなのかなと思います。

柔よく剛を制すなんて言いますが、対象者と同じ視線・目線で見つつもブレーキをかけたり、調整をしたり、そういう妙手をくりだせるのが、チューナーたる乙女座の方たちの真骨頂なのでしょう。

引くときは引く、押すときは押す、「いつも押せ押せとかいつも引き引き」ではないその天性のバランス感覚に、いつも癒しと安心をいただいています。

センスの塊の天秤座の皆様へ。

天秤座の人たちは実は私が話していて一番気が楽で、且つ、楽しい人たちかもしれません。
それは私のアセンダントサインが天秤座だということにも起因しているかもしれませんが、きっと多くの人が、天秤座の人とおしゃべりしたり、メッセンジャー等でやり取りをすることが好きだと思うのです。

なぜなら天秤座の人は、会話とかやり取りとかそういったエネルギー交換のプロだから。
人を不快にさせることがなく、毒も牙も空気を読まない一言も、その全ては天秤座から出てくることはきっとありません（裏の顔は知らないけれど）。博愛・友愛といったものを基本姿勢としているスタンス、また人のいいところを褒めようとか認め合う姿勢が、とても楽でまた素晴らしいと思うのです。

マウントとかマウンティングといった概念とか言葉が巷では話されていますが、もし世界が全員天秤座なら、マウンティングはきっと存在していないのでは？　と言えるぐらい天秤座は公平な人たちです。

ありとあらゆる場面で公平でフラットなため、ピンチの時にも冷静沈着で、人によってはそれを冷たいとかいう人もいらっしゃいますが、私はわかっていますよ。

取り乱すとか慌てるという言葉自体も、天秤座さんの辞書にはきっと存在していないことを。

ということで、これからも気楽なお付き合いをどうぞよろしくお願いいたします。


刺激溢れる蠍座の皆様へ。


清濁併せ呑むなんていう言葉がありますが、あれはまさに「蠍座のためにある」ような言葉だと思っています。

世の中には正義とか悪とか、正邪とか、いろいろな二元論的なジャッジが溢れていますが、蠍座の人はそんなものに動じないというか「人なんだから生きてりゃ色々あるわよ」みたいな図太いところ、そしてそれまた真理にも繋がっているところがなんとも魅力的です。

毒を吐くとか言われていますが、それは「他の人たち」からすると毒に聞こえるだけで、蠍座の人自体はそんな意識は一ミクロンもないかもしれません。蠍座の聖なる波動はきっと「毒にまみれたこの社会を生きる私たち」の耳には痛く、毒に聞こえてしまうというだけなのかもしれません。

また、受け皿としての力、女将さんとしての力、ママさんとしての力があまりにも強いのが蠍座の人たちの特徴でもあり、その「大いなる器・胆力」にどれほど今まで力をもらってきたかわかりません。

九十九人が違うと言っても一人が好きと言ってくれるならGOだ！　とか。

自分が信じた道なら迷わず行け！　とか。

彼らのくれる言葉はいつもスパイシーで、刺激的。

ぶつかりあっても何かがあっても決して向こうからは引かず、しっかりと帰れる場所としていつもそこにいてくださる。その圧倒的な不動感。裏切られても蠍座さんサイドからは絶対に裏切らないあの「圧倒的な信頼度」。

そういう人として大事なところを忘れないところに、いつも助けられています。

ありがとうございます。

叡智の塊、射手座の皆様へ。

今ではもうあまり思わないのですが、かつて（学生時代ぐらいまで）私の永遠のライバルというか妬みの対象は、あなたたち射手座でした！

なんでそんなに全てにおいてオールラウンドで、なんでもできてしまって、且つ性格までもが素晴らしいのでしょう！

神様は天は二物を与えずとか言うけど、「嘘でしょ！」とかずっと思っていました。

でも大人になるに従い、その裏に隠れた苦悩とか色々な〝射手座あるある〟を知っていき、あぁ～射手座も大変だなぁ、などと広い心で接することができるようになりました。

今までありがとうございます。

さて、射手座の皆さんについて思うのは、いつも本当に知的な・冒険フルな刺激をありがとうございます、ということです。

射手座の皆様がいなければきっと私の知の冒険は、今の半分かそれ以下になっていたかもしれない。そう思うほどに、私の人生の知的好奇心の源泉や外部刺激の源流となってくださっているのです。

「ヒントはいつも射手座から」と言えてしまうほどに、たくさんのインスピレーションをいただいています。

でも射手座さんはエリートすぎて、普段はあまり近寄れません。

だからこれからも隠れてこっそりご活躍を楽しみにしております。

―ファンより。

同類でありがとう！　山羊座の皆様へ。

人は皆違う生き物で価値観も皆異なるもの。

異なるもの同士が同じ地球というフィールドで、共通のルールに護られたり縛られたりしながら暮らしています。

そんなハードコア＆サバイバルな世界を生きる私たちにとって、「共通言語とか価値観」的なところが同じ人と出会うというのは、砂漠の中にあるオアシスを見つけるようなもの。

ほっと一息つけるというか、ある程度は同じ土台に成り立っていることがわかることほど、私たちの精神が休まるとか緩まるということはありません。

生まれてから長い時間を共に過ごした家族と離れても、また実家に戻れば「いつものリズム・ペース」で過ごせるように、山羊座の人たちは私にとっては言葉とか世界のヴィジョンを共にする同志のような人たちです。

いつも色々な場面・場所・ネット上等で、どれほど山羊座さんたちの存在が私の支えになっているか。

誇り高く、真面目で、勤勉。そして何と言っても活動的で、ちょっと不器用なところがなんとも愛らしい。そんな山羊座の皆様と同類であることを誇りに思っています。

未来人！　水瓶座の皆様へ。

水瓶座の人たちについていつも思うのは、こんな社会に生きることになってしまってごめんなさい、ということ。

もちろん「私が」社会を作り上げた創造主ではありませんから、謝る必要はないかもしれませんが、この世界の、特に今のルール・社会体制は、先進的な思考・マインドを持つ水瓶座さんたちからすると、少し拷問のようなものなのではないかと思うときがあります。

とはいえ、そこはゴーイングマイウェイの水瓶座さんたちのことです。完全に「我関せず」で好きなことをどんどんやっているその姿には、尊敬の念しか浮かびません。

その行動力と発想、まためげないマインドにはいつも学ばせていただいていますし、なによりそのどこか世の中心とはずれているロックなところがあるのに、すごく平和的で博愛精神に満ちている生き方を見ていると、まるで「未来から来た人」のようだぁ～といつも感心させられています。

ある映画で過去↓未来というタイムラインと、未来↓過去という二つの異なるタイムラインを生きる男女が恋をするという作品がありましたが、水瓶座さんだけはその作品の主人公のように一人異なる時空で生きているのでは？　と思うほどに異なる空気感を持つ人であること、前衛的な思考やそのアンテナの感度の素晴らしさに、神様からのギフトが与えられた人なのだなぁ、といつも刺激をいただいています。

面倒見のいい魚座の皆様へ。

実は私の周りには魚座の人はたくさんいるのですが、「苦労人」が多いなぁという印象があります。

その詳細や理由は本編でも書いているのでここでは割愛しますが、観察していると本当に「修行僧」のような人生を歩むことを決めて生まれて来た魂だなぁ～とも思って、心の底からリスペクトしています。

また、そんな「自らの器を常に拡大！　広げよう！」としている魚座さんだからこそ、十二宮の最後のオオトリで、締めを任されたのだなぁと勝手にそう理解している私がいます。

魚座の懐の深さは十二星座一だとも思っていますが、ツッコミ力・ＮＯをＹＥＳにしてしまう力も十二星座中一位だと思います。私もそれで何度ＮＯをＹＥＳにさせられたかわかりませんが、魚座さんに頼まれるとＮＯと言えなくなるあの不思議な力は、一体なんなのでしょうか。不思議でたまりません。

その力は天性のものだと思うので、これからも使っていただいて結構ですが、どうぞ私に対しては過剰使用はお控えくださいますよう重ねてお願い申し上げます。

最後に、山羊座になくて（いや、私になくて！　かな）、魚座にあるもの。

それは、カオスすらも味方につけられる力だと思っています。

時にカオス自体となり全てを融合させられる力かと思っていますが、それはある意味「絶対的な裏技」であり、他の十一星座は持ちえない究極の奥義のようなものです。

それゆえ、心底、ずるいなぁ〜、羨ましいなぁ〜などと思っています。

２０２０年９月

yuji

yuji（ゆじ）

星読み係、ヒーラー、聖地巡礼家。
香川県生まれ。18歳でイタリアに渡り、現地大学院卒業後、ミラノにてプロダクトデザイン事務所に勤務するも、ヒーラーとしての宿命に抗えず拠点を東京に移し、スピリチュアルメッセンジャーとして生きることを決意。現在は個人鑑定、連載、講演など、幅広い分野で活躍中。 著書に『神さまと顧問契約を結ぶ方法』『神さま手帖』『yujiの星読み語り』（すべて、ワニブックス）など。

公式ブログ「yujiの星読み語り」
https://ameblo.jp/uenopasiri/

マネジメント　山崎真理子
協力　野村浩平

星《ほし》2.0

2020年10月30日　初版第1刷発行
2020年11月20日　第3刷発行

著者　yuji《ゆじ》
発行者　田邉浩司
発行所　株式会社 光文社
〒112-8011 東京都文京区音羽1-16-6
編集部　03-5395-8172
書籍販売部　03-5395-8116
業務部　03-5395-8125
メール　non@kobunsha.com
落丁本・乱丁本は業務部へご連絡くだされば、
お取り替えいたします。
組版　萩原印刷
印刷所　萩原印刷
製本所　国宝社

ISBN978-4-334-95195-5